ERINNERN UND HEILEN, TEIL 1

TEIL 1: GEDÄCHTNISREKONSOLIDIERUNG UND NETZWERKTHEORIE

INKE JOCHIMS

2. Auflage 2025

© 2025 by Inke Jochims

Autorin: Inke Jochims, www.inke-jochims.de, jochims–buecher.de

Satz: Inke Jochims mit Atticus.

Verlag:

BoD · Books on Demand GmbH, Überseering 33, 22297 Hamburg, bod@bod.de

Druck: Libri Plureos GmbH, Friedensallee 273, 22763 Hamburg

ISBN: 978-3-8192-7918-8

BILDNACHWEIS

Alle Fotos stammen von der Website www.pixabay.com. Sie wurden von den jeweiligen Autoren für die kommerzielle Nutzung kostenlos zur Verfügung gestellt. Herzlichen Dank! Die Folien wurden ausnahmslos von Inke Jochims erstellt. Bilder, die mit Hilfe von KI erstellt wurden, sind im Einzelfall entsprechend gekennzeichnet.

DISCLAIMER

In diesem Buch werden psychologische Ratschläge gegeben. Alle Ideen, Konzepte und Verfahren wurden sorgfältig geprüft. Dennoch weisen wir ausdrücklich darauf hin, dass dieses Buch keine medizinische oder psychologische Therapie ersetzt und dies auch nicht beabsichtigt. Die Umsetzung der Ideen aus diesem Buch erfolgt auf eigene Verantwortung.

INHALTSVERZEICHNIS

Wenn Psychotherapie nicht eines Tages so einfach wird,
wie das Bedienen eines Lichtschalters,
werden wir den Erdball verlieren.

Alfred Korzybski, Science and Sanity, 1933

Erinnerung ist kein Archiv, sondern ein lebendiger Prozess.
Wer ihn versteht, kann Veränderung gezielt ermöglichen.

· · · ● ●· ● ● · ·

DIE MAUS IM HAUS

Und dann hörte ich den Schrei.

Ich habe Menschen vor meinen Augen sterben sehen, ich habe Menschen schreien hören. Aber nie wieder, wirklich nie wieder, habe ich einen solchen Schrei gehört.

Es war die Lautstärke und der Tonfall eines Menschen, der begreift, dass er sein Leben in den Händen von Folterknechten der grausamsten Art verlieren wird, der sich eines langsamen, qualvollen Todes sicher ist. Es war ein Entsetzen, das aus dem Innersten kam.

Ich saß im Nebenzimmer, Anfang zwanzig, gerade nach Berlin gezogen, bereitete mich auf mein Examen vor, lernte. Die Hauptmieterin war von Beruf Psychotherapeutin.

Ich hörte den Schrei. Ich hörte das Entsetzen.

Ich rannte ins Nebenzimmer. Dort stand eine früh gealterte Frau Ende dreißig, der die Spucke aus dem Mund lief und die am ganzen Körper zitterte.

Was ist los? fragte ich, nun auch voller Entsetzen.

Was ist los?

Die Frau konnte kaum noch sprechen. Sie lallte und der Speichel lief ihr aus dem Mund.

Ich schlug vor, einen Arzt zu rufen.

Nein, sagte sie. Nein.

Was ist denn jetzt los, fragte ich, was ist denn jetzt los?

Wir haben eine Maus in der Wohnung, röchelte die Frau.

Eine Maus!

Ich gebe zu, ich war zu jung. Ich war einfach naiv.

Wir könnten die Maus mit Käse füttern, schlug ich vor, lief in die Küche und holte ein Stück. Vielleicht hat sie Hunger?

Ich übersah den blinden Hass in den Augen der Psychotherapeutin, und kurz darauf musste ich ausziehen.

Abbildung 1: Meine erste Begegnung mit einer schweren Tierphobie.

• • • ● • ● • • •

Angst

Psychotherapeuten und Psychotherapeutinnen kämpften damals verzweifelt mit diesen emotionalen Reaktionen, sei es bei sich selbst oder bei anderen. Das tun sie häufig bis heute.

Anfang der 80er Jahre des letzten Jahrhunderts war die Menschheit noch weit davon entfernt, zu verstehen, wie es zu diesem scheinbar so irrationalen Verhalten kommen kann. Die Angst und das Entsetzen dieser Frau waren zweifellos echt und am nächsten Tag war sie voller Scham und sich der völligen Irrationalität ihres Verhaltens bewusst.

Wenn man Menschen wie ihr helfen wollte, versuchte man es mit Verhaltenstherapie, man versuchte es mit Psychoanalyse, und in beiden Fällen waren (und sind) die Ergebnisse enttäuschend.

Man versuchte es mit Scheinkonstrukten wie "unbewusster Wille" oder "sekundärer Gewinn", die heimlich dem Klienten die Schuld in die Schuhe schoben, weil man einfach nicht verstand, warum und wie das menschliche Gehirn lernen kann, eine solche Todesangst mit einem definitiv ungefährlichen Tier zu verbinden.

Vor allem verstand man nicht, wie man Betroffenen beim Umlernen helfen konnte. Warum konnte diese Psychotherapeutin nach all den Jahren eigener Psychotherapie, die sie in ihre Mäusephobie investiert hatte, nicht lernen, was ich als kleines Kind gelernt hatte, das regelmäßig Mäuse aus dem Labor seines Vaters geschenkt bekam, nämlich Mäuse als liebe und freundliche Tierchen zu sehen, die man als Gäste willkommen heißt und bewirtet?

• • • • ● • ● • • •

Sucht

Zwei Männer sind auf einer Party.

Der eine trinkt fünf Flaschen Bier und ist ziemlich betrunken, aber er weiß, dass er gehen muss, um die letzte U-Bahn zu erwischen. Er weiß, wenn er diese U-Bahn verpasst, verärgert er seine Frau und am nächsten Tag wahrscheinlich seinen Chef und sein Job ist in Gefahr, wenn er nicht nüchtern zur Arbeit kommt.

Also lehnt er das sechste Bier dankend ab, geht, erreicht die U-Bahn, behält seine Frau, behält seinen Job und bleibt trotz seines insgesamt zu hohen Alkoholkonsums in der Gesellschaft integriert.

Der andere trinkt auch fünf Flaschen Bier, weiß auch, dass er die U-Bahn erreichen muss, aber die Versuchung des sechsten Bieres ist zu groß. Er trinkt das sechste Bier, verpasst die U-Bahn, verärgert seine Frau, die kurz darauf die Scheidung einreicht. Er kommt betrunken zur Arbeit, woraufhin er seinen Job verliert. Bald ist er nicht mehr in die Gesellschaft integriert.

· · · · ·•·•· · · ·

Als ich anfing, mich mit Sucht zu beschäftigen, lernte ich, dass dies der Unterschied zwischen einem Menschen, der zu viel trinkt, und einem echten Alkoholiker ist. Es gibt Menschen, die auch nach fünf Bier noch in der Lage sind, die Folgen ihres Handelns zu antizipieren und diese Antizipation in angemessenes Handeln umzusetzen. Und es gibt Menschen, die dazu nicht mehr in der Lage sind. Letztere gelten als Alkoholiker.

· · · ● · ● ● · · ·

So wie die Menschheit lange Zeit nicht in der Lage war, Menschen aus ihrer Phobie herauszuhelfen, war sie auch nicht in der Lage, die meisten Menschen wirklich von ihrer Sucht zu befreien. Man verstand das Gehirn und seine Funktionsweise einfach nicht gut genug. Die technischen Möglichkeiten standen noch nicht zur Verfügung.

So entschied sich die Psychologie, angeführt von einem gewissen Sigmund Freud, sich nicht mit den neurowissenschaftlichen Grundlagen des menschlichen Verhaltens zu beschäftigen, sondern mit der Analyse einer Art körperlosen Seele, und das hat Folgen, bis heute.

· · · ● · ● · · ·

In Therapie und Coaching wird immer noch häufig davon ausgegangen, dass die Ursache für die Angst vor der Maus die Maus selbst ist und das Verlangen nach Alkohol durch das angebotene Bier ausgelöst wird. Es müsse doch einen Grund für die Gier und die Angst geben, und wenn man diesen Grund finde, könne es besser werden.

• • • ● ● • ● ● • •

Der Prozess der Gedächtnisrekonsolidierung geht davon aus, dass es eine oder mehrere Erinnerungen gibt, die immer wieder sehr intensive Emotionen auslösen, sei es unerträgliche Angst, sei es unwiderstehliche Gier.

Eingehende Sinnesreize - wie eben der Anblick einer Maus - werden unterhalb der Bewusstseinsschwelle *mit einer Erinnerung verglichen* - BEVOR unser Bewusstsein die Information überhaupt erhält. BEVOR wir kognitiv erkennen können, dass hier keine Gefahr besteht, hat sich der Körper längst auf eine akute Gefahr vorbereitet - und ruft z.B. mit einem entsetzten Schrei um Hilfe.

Wenn dem so ist - und das ist der Fall - dann muss man dem Gehirn nicht beibringen, dass Mäuse ungefährlich sind, sondern *man muss die Erinnerung verändern,* die die Angstreaktion auslöst.

Die Erinnerung an die Vergangenheit und die dadurch ausgelöste Gefühlsintensität beim Anblick einer realen Maus in der Gegenwart wäre dann die eigentliche Ursache des Problems. Die Erinnerung müsste verändert werden, und zwar in Bezug auf die Intensität des Gefühls, das sie auslöst.

Die Neurowissenschaften haben gezeigt, dass dies möglich ist.

Es ist nicht die Maus, es ist nicht das Bier, es ist das Gedächtnis, es sind eine oder mehrere wichtige Erinnerungen, die aus der Maus ein Monster machen und aus der sechsten Flasche Bier den letzten überlebensnotwendigen Tropfen Wasser, der jede Gier und jedes Risiko rechtfertigt.

Tilgung ist möglich

Lange Zeit glaubte man, dass eine einmal erlernte Angst vor Mäusen oder die Gier nach dem sechsten Bier wirklich und faktisch nicht gelöscht werden kann. Die Assoziation bleibt im Kern bestehen. Das Gehirn hat angeblich einmal gelernt, dass Mäuse Monster sind und kann die Angst zwar modifizieren aber nicht mehr wirklich tilgen. Gleiches gilt, so dachte man, auch für Sucht.

- Bis zum Jahr 2000 ging die Neurowissenschaft noch davon aus, dass die einmal gespeicherte und von nun an ständig erinnerte Koppelung zwischen einem Ereignis und der damit verbundenen Emotion bzw. Erinnerung nicht mehr veränderbar sei.

- Ab 2004 kam es jedoch zu entscheidenden Durchbrüchen: Man erkannte, dass diese Koppelung sehr wohl veränderbar ist – allerdings nur unter Einhaltung eines bestimmten "Codes". Diesen Code schildere ich im Kapitel 2 und die Anwendung in Kapitel 6.

- Seit 2006 begannen sich auch Psychotherapeutinnen und Psychotherapeuten verstärkt für diese Forschung zu interessieren.[1]

• • • • • •• • •• • •

Was uns helfen kann, uns selbst und anderen zu helfen, heißt also: Gedächtnisrekonsolidierung. Das ist eine zungenbrecherische Bezeichnung für einen neurobiologischen Vorgang.

Aus dem Monster wird mit Hilfe dieses Verfahrens ein Mäuschen, aber nur, wenn der Prozess richtig angewandt wird. Das Gehirn braucht eine exakte Abfolge von Schritten, um diese "Rekonsolidierung" zu erlauben. Bekommt es diese nicht, bleibt die Phobie wirksam, die Sucht bestehen und die nächste therapeutische Stunde ist zur Enttäuschung aller Beteiligten wirkungslos.

Aber wenn das Gehirn bekommt, was es braucht, reichen oft schon wenige Sitzungen, und die Phobie ist nicht mehr abrufbar. Ähnliches gilt für viele andere Ängste, Süchte, Essstörungen und traumatische Beziehungserfahrungen.

•••••••••••

Was ist also Gedächtnisrekonsolidierung?

Gedächtnisrekonsolidierung ist ein neurobiologischer Prozess, bei dem bereits gespeicherte Erinnerungen vorübergehend instabil werden und dann erneut gefestigt werden. *Dies geschieht typischerweise, wenn eine Erinnerung abgerufen wird.* Während dieser Phase kann die Erinnerung verändert, aktualisiert *oder sogar gelöscht werden.*

•••••••••••

Die Netzwerktheorie

Wenn wir über psychische Gesundheit sprechen, beginnt alles mit dem physischen Gehirn - mit seinen Strukturen, den Milliarden von Gehirnzellen und den Verbindungen zwischen ihnen. Wir nennen diese Verbindungen neuronale Netze. Sie bilden die Grundlage für alles, was wir tun: Denken, Fühlen, Erinnern, Planen, Bewegen, Lieben, Lernen und sogar Heilen.

Doch wenn diese Netzwerke aus dem Gleichgewicht geraten, kann das weitreichende Folgen haben - von Angstzuständen über Schlaflosigkeit bis hin zu Konzentrationsproblemen oder "Brain Fog".

Panikattacken und Sucht sind genau das: Bestimmte neuronale Netzwerke funktionieren im Zusammenspiel nicht mehr richtig und es kommt zu den genannten Symptomen. Diese einzelnen Netze und ihr Zusammenspiel schildere ich in Kapitel 5.

Nach 2020 führten technologische Fortschritte wie hochauflösende funktionelle Bildgebung zu einem Paradigmenwechsel in den Neurowissenschaften: Die Netzwerktheorie entstand.

Die Netzwerktheorie betrachtet das Gehirn nicht mehr primär als Ansammlung isolierter Regionen, sondern als dynamisches Zusammenspiel funktioneller Netzwerke, darunter das Default Mode Network (DMN), das Saliensnetzwerk (SN) und das zentrale Exekutivnetzwerk (CEN). Jedes dieser Netzwerke übernimmt spezifische Aufgaben - das DMN ist z.B. bei der Selbstreflexion aktiv, aber auch bei der Produktion übermäßiger Angst. Das SN erkennt relevante Reize, während das CEN für Aufmerksamkeit und Problemlösung zuständig ist.[2]

Während die Gedächtnisrekonsolidierung den Prozess der Veränderung erklärt, liefert die Netzwerktheorie das Verfahren, d.h. das Verständnis, wo und wie im Gehirn gezielt interveniert werden kann, um Veränderung wirksam zu unterstützen.

Die Netzwerktheorie erklärt, wie es zu dem immer wiederkehrenden Schrecken kommen kann, der das Gehirn daran hindert zu lernen, dass Mäuse harmlos, Bier aber gefährlich sein kann, obwohl die kognitive Einsicht in beiden Fällen ist.

Sucht und Angst haben eines gemeinsam. Nämlich, dass die emotionale Reaktion auf einen auslösenden Reiz, auch "Trigger" genannt, hier als Beispiel die Reaktion auf Maus und Bier, in ihrer Intensität (aus der Sicht eines Beobachters) *unangemessen ist.*

Es ist die offensichtliche Fehleinschätzung der Gesamtsituation, die es den Betroffenen nicht mehr erlaubt, an den für sie wichtigen langfristigen Zielen festzuhalten.

Die gnadenlose Gier und die überwältigende Angst sowie die Unfähigkeit des Neokortex, bestimmte Verhaltensweisen rechtzeitig zu bremsen und zu modifizieren, sind es, die später die immense Scham auf der einen Seite (die Betroffenen) und die Enttäuschung auf der anderen Seite (die Gemeinschaft der Heilenden) auslösen.

• • • ● ● ● ● ● • •

Erst seit sehr, sehr kurzer Zeit weiß die Menschheit, was in einem Menschen vorgeht, der eine Maus mit einem Monster verwechselt und der den Genuss eines sechsten Bieres für so entscheidend hält, dass er bereit ist, dafür seine soziale Existenz aufzugeben.

Die Netzwerktheorie und die Methode der GK (Gedächtnisrekonsolidierung) bieten eine neue Perspektive für Therapie und Coaching.

• • • ● ● ● ● ● • •

Richtig angewandt, können die entsprechenden Verfahren die Behandlungsdauer bei Ängsten, Sucht, Traumata, Essstörungen, Phobien, Beziehungsproblemen usw. erheblich verkürzen und viele Medikamente und/oder Scheidungen überflüssig machen.

Ziel dieses Buches ist es, die Netzwerktheorie und die Gedächtnisrekonsolidierung so anschaulich und verständlich zu vermitteln, dass sie nicht nur theoretisch greifbar, sondern auch praktisch erlernbar und für jedermann anwendbar werden.

Als Beispiel biete ich in diesem Buch die Anwendung mit Hypnose an, aber die Anwendung ist mit vielen Verfahren möglich.

---

1. Ecker, 2016

2. Menon, 2011

Konsolidierung und Rekonsolidierung

Wenn es eine Erinnerung ist, die die Angst oder die Sucht auslöst, und wenn es diese Erinnerung ist, die verändert werden soll, um eine Besserung zu erreichen, dann müssen wir mehr darüber wissen, wie Erinnerungen gespeichert und abgerufen werden.

Der Neurowissenschaftler Joseph LeDoux[1] hat sich intensiv mit diesem Thema beschäftigt und die Darstellungen in diesem Kapitel basieren auf seinen Forschungen und den Ergebnissen zahlreicher anderer Neurowissenschaftler.

Denn die Neurowissenschaft hat gezeigt, dass es möglich ist, Erinnerungen so abzurufen und neu zu speichern, dass man sich zwar noch an das Geschehene erinnert, die überwältigenden Emotionen aber nicht mehr ausgelöst werden. Die Fakten bleiben erhalten, während die

Emotionen unabhängig davon verändert werden – weg von "Stress", hin zu "Toleranz" bzw. "Heilung".

• • • ● • ● • • •

Vergangene Vorstellungen

Lange Zeit wurde das Gedächtnis mit einem Archiv oder einer Festplatte verglichen - als Ort, an dem Erfahrungen möglichst genau und dauerhaft gespeichert werden.

Erinnerungen galten als getreue Abbilder vergangener Ereignisse, die bei Bedarf abgerufen werden können, ähnlich wie Dateien auf einem Computer. Diese Sichtweise implizierte, dass unser Gehirn Ereignisse wie eine Kamera aufzeichnet - unveränderlich, objektiv und unverfälscht.

Und dass eine Erinnerung nur als Ganzes, also mit den Emotionen, die sie auslöst, erinnert bzw. vergessen werden kann. Lange Zeit war nicht bekannt, dass sich Teile von Erinnerungen verändern lassen, ohne dass die Erinnerung als Ganzes verändert werden muss.

Ein Vergleich wäre der mit einer Bibliothek. Das Gedächtnis ist eine riesige Bibliothek, man geht hinein, zieht ein Buch heraus, liest es und hat nun die Information, die man braucht. Dann stellt man das Buch inhaltlich unverändert ins Regal zurück.

Das heißt, man ging davon aus, dass die Erinnerung durch den Akt des Erinnerns weder verändert noch modifiziert wird. Man ging weiterhin davon aus, dass das, was vor dem inneren Auge erscheint, ein getreues Abbild eines Ereignisses ist, das einmal wirklich und tatsächlich so gewesen ist, wie es erinnert wird.

· · · · ● · ● · · ·

Überdies nahm man an, dass es "verdrängte" Erinnerungen gibt.

Eine verdrängte Erinnerung ist eine Erinnerung an ein - oft traumatisches oder emotional belastendes - Erlebnis, das aus dem bewussten Gedächtnis verdrängt wurde. Das bedeutet, dass die Person keinen bewussten Zugang mehr dazu hat, obwohl die Erinnerung unbewusst weiterhin Gefühle, Gedanken oder Verhalten beeinflussen kann.

Der Begriff stammt ursprünglich aus der Psychoanalyse Sigmund Freuds. Er ging davon aus, dass das Gehirn schmerzhafte Erinnerungen ins Unbewusste "abschiebt", um die Psyche vor zu viel Leid oder Überforderung zu schützen. Verdrängte Erinnerungen sind also nicht gelöscht, so Freud, sondern nur dem bewussten Zugriff entzogen.

Zweifellos gibt es Erinnerungen, die nicht bewusst sind und dennoch unser Verhalten beeinflussen. Das ist richtig. Es gibt jedoch kein Auswahlverfahren, bei dem eine Erinnerung quasi geprüft und entweder zugelassen oder abgelehnt wird. Das Gehirn vollzieht den Akt des Erinnerns als dynamischen Prozess, um uns in einem gegebenen

Moment das optimale Überleben zu ermöglichen. Dafür werden alle verfügbaren Erinnerungen genutzt, die passend scheinen – auch wenn viele nicht bewusst sind.

In der Therapie, insbesondere in der Psychoanalyse, hat die Idee der "verdrängten Erinnerungen" zu einer Vorstellung von Therapie geführt, bei der Klient und Therapeut gemeinsam in diese Bibliothek gehen, das richtige Buch (die Ursache) finden und sobald der Klient die Ursache seiner Schwierigkeiten kennt, kann er sich auch ändern. Wenn er oder sie sich nicht ändert, muss die Suche fortgesetzt werden. Es müssen solange Erinnerungen frei assoziiert werden, bis das richtige "Buch" gefunden wurde.

Im Fall einer Phobie, wäre die Suche nach der Ursache die Suche nach der verdrängten Erinnerung. Was sind die Ursachen für die Angst vor Mäusen? Klein? Plötzliche unkontrollierte Aggression? Unterdrückte sexuelle Wünsche? Wo finde ich die Ursache in der Bibliothek?

• • • ● • ● • ● • •

Neue Erkenntnisse

Doch diese Vorstellungen sind falsch. Unser Gedächtnis ist keine Festplatte mit abrufbaren Dateien und keine Bibliothek mit durch das Lesen unveränderten Büchern.

Erinnerungen sind rekonstruktiv – sie verändern sich jedes Mal, wenn sie abgerufen werden. Je öfter man sich an etwas erinnert, desto weniger genau aber emotional überzeugender wird die Erinnerung. Sogenannte "recovered memories" können daher falsch, suggestiv beeinflusst oder sogar vollständig erfunden sein.

Unser Gedächtnis ist kein statisches Archiv, sondern ein dynamisches System.

Das Gedächtnis rekonstruiert - es reproduziert nicht.

· · · ● · ● · · ·

Beim Erinnern greifen wir nicht einfach auf eine gespeicherte Datei zurück, sondern konstruieren die Vergangenheit jedes Mal neu - beeinflusst von aktuellen Emotionen, Kontexten, inneren Überzeugungen und neuen Informationen. Diese Erkenntnis widerspricht der früheren Vorstellung, Erinnerungen seien starr. Tatsächlich ist unser Gedächtnis plastisch - es passt sich an, integriert Neues und ermöglicht es uns, auf veränderte Kontexte zu reagieren.

Erinnerungen sind also Interpretationen, keine Momentaufnahmen.

Das Gedächtnis hat nicht die Aufgabe, uns getreue Abbilder der vergangenen Wirklichkeit zu liefern, es hat eine ganz andere Aufgabe, und dafür ist es im Laufe der Evolution konstruiert worden.

Die Aufgabe des Gedächtnisses ist es, uns zu helfen, im engeren oder weiteren Sinne zu überleben. Es ist dazu da, uns in die Lage zu versetzen, angemessen und unseren Bedürfnissen und Zielen entsprechend, auf den jeweiligen Kontext zu reagieren.

Neue Informationen werden nicht einfach gespeichert und unverändert aufbewahrt, sondern durchlaufen komplexe Prozesse, die über ihre Speicherung und spätere Veränderbarkeit entscheiden. Ziel ist es, unsere Erinnerungen an die Vergangenheit *an unsere zukünftigen Bedürfnisse anzupassen.*

$$\cdot \; \bullet \; \bullet \; \bullet \; \bullet \; \bullet \; \bullet \; \bullet \; \bullet \; \cdot$$

Was ist Konsolidierung?

Konsolidierung ist der Prozess, durch den neue Erinnerungen stabilisiert und in das Langzeitgedächtnis überführt werden. Jede neue Information wird zunächst im Kurzzeit- oder Arbeitsgedächtnis gespeichert. Damit diese Erinnerung langfristig erhalten bleibt, muss sie *konsolidiert* werden.

$$\cdot \; \bullet \; \bullet \; \bullet \; \bullet \; \bullet \; \bullet \; \bullet \; \bullet \; \cdot$$

Dabei werden zwei Phasen unterschieden:

- Synaptische Konsolidierung (innerhalb von Minuten bis Stunden): Veränderungen an den Synapsen der beteiligten Nervenzellen machen die Erinnerung kurzfristig stabil.

- Systemische Konsolidierung (Tage bis Jahre): Die Gedächtnisspur wird vom Hippocampus, wo sie ursprünglich verarbeitet wurde, in die Großhirnrinde (Neocortex) übertragen - ein entscheidender Schritt für dauerhaftes Erinnern.

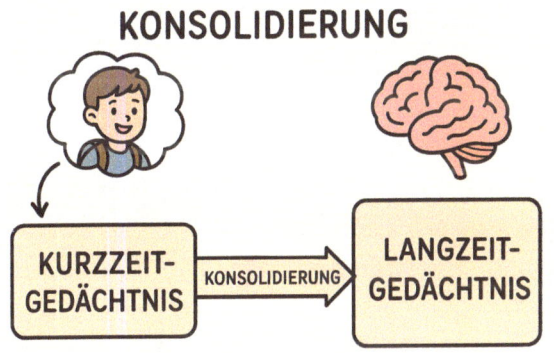

Abbildung 2: Informationsspeicherung. Dieses Bild wurde mit Hilfe von KI erstellt.

Ein zentraler biologischer Mechanismus für beide Prozesse ist die Proteinsynthese: Nervenzellen produzieren neue Proteine, die helfen, die neu gebildeten Verbindungen zu "verkleben" und zu festigen.

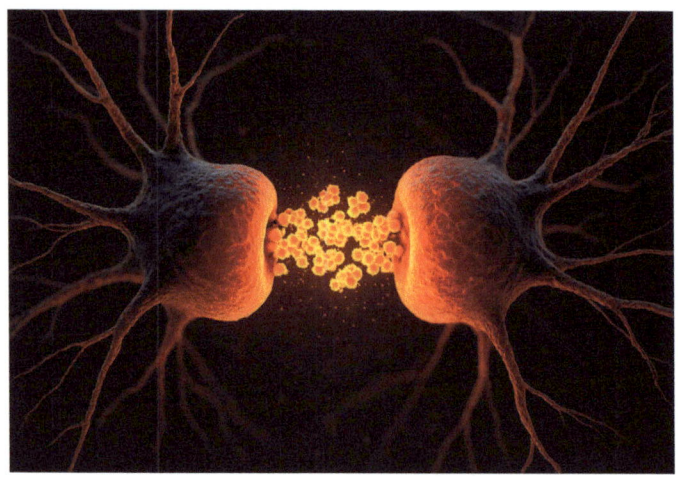

Abbildung 3: Synapsen und Gedächtnis. Das was wir "Erinnerung" nennen, ist im Molekül. Bei jedem Abruf einer Erinnerung gehen einige Moleküle verloren. Deshalb muss jede Erinnerung rekonsolidiert werden. Wir können uns nur erinnern, solange wir die entsprechenden Eiweißmoleküle produzieren können. Dieses Bild wurde mit Hilfe von KI erstellt.

• • • ● • ● • • •

Was passiert bei der Rekonsolidierung?

Spannend wird es, wenn wir bereits gespeicherte Erinnerungen abrufen. Denn: Der Abruf macht die Erinnerung instabil - sie wird vorübergehend "offen" für Veränderungen. Um wieder stabil abgespeichert zu werden, muss sie einen zweiten Verfestigungsprozess durchlaufen: *die Rekonsolidierung.*

Die neu-alte Erinnerung wird wieder abgespeichert - aber diesmal verändert. Das nennt man *Rekonsolidierung.*

Auch dabei spielt die Proteinsynthese eine entscheidende Rolle. Wird sie kurz nach dem Abruf künstlich blockiert (z.B. im Experiment), kann die Erinnerung verblassen, abgeschwächt oder sogar verändert werden.

Der Mechanismus der Gedächtnisrekonsolidierung existiert nicht, um Erinnerungen *zu löschen,* sondern um sie zu aktualisieren. Wenn wir uns an etwas erinnern, greifen wir auf eine frühere Version zurück. Gleichzeitig fließen neue Erfahrungen ein, die bei der erneuten Speicherung Teil der aktualisierten Erinnerung werden. So entsteht bei jeder Reaktivierung eine neue Version der Erinnerung.

Betroffen sind vor allem emotionale Reaktionen, wie sie z.B. von der Amygdala gesteuert werden: Angst, Stress oder Übererregung. Die bewusste Erinnerung bleibt bestehen, verliert aber, wenn wunschgemäß rekonsolidiert, ihre überwältigende emotionale Kraft.

Eine der wichtigsten Aufgaben des Gedächtnisses ist es, relevante von irrelevanten Informationen zu unterscheiden. Was ist wichtig, im jeweiligen Kontext und was nicht? Dazu werden Gedächtnisinhalte emotional eingefärbt. Werden sie unwichtiger oder plötzlich sehr wichtig, werden sie abgerufen und emotional neu bewertet.

Unser Gehirn filtert Informationen nach Bedeutung und emotionaler Relevanz, nicht nach Objektivität. Nur ein Bruchteil dessen, was wir erleben, wird langfristig gespeichert. Emotionen wirken wie eine Art Marker im Gehirn: Sie signalisieren, welche Erfahrungen bedeutsam sind. Inhalte, die emotional aufgeladen sind, haben höhere Chancen, ins Langzeitgedächtnis zu gelangen.

Konsolidierung stabilisiert neue Erinnerungen. *Rekonsolidierung erlaubt die Anpassung bereits gespeicherter Inhalte an aktuelle Erfahrungen.*

Das Gedächtnis ist also kein passiver Speicher, sondern ein lebendiges System, das sich ständig verändert. Konsolidierung sichert die Existenz von Erinnerungen.

Durch Rekonsolidierung können bestehende Erinnerungen an neue Erfahrungen angepasst werden. Dieses Wissen eröffnet nicht nur neue Einsichten in unser Denken, sondern auch neue Wege für die therapeutische Arbeit mit Erinnerungen - insbesondere bei seelischen Verletzungen.

Therapien, die gezielt mit emotional belastenden Erinnerungen arbeiten (z.B. EMDR, Kohärenz-Therapie, Imaginationstechniken), nutzen genau diese Mechanismen, um Veränderungen im emotionalen Erleben herbeizuführen. Beim Wiedererleben von Erinnerungen kann durch gezielte Interventionen ein emotionales "Umlernen" stattfinden - z.B. durch neue Erfahrungen, die die ursprüngliche Erinnerung herausfordern (Prädiktionsfehler).

· · · · ● · ● · · ·

Der "Code" für emotionale Veränderung

Um eine tiefgreifende emotionale Veränderung in Gang zu setzen, muss nicht eine verdrängte Erinnerung gefunden werden, sondern eine bereits vorhandene Erinnerung muss erst gefunden, d.h. aufgerufen und dann rekonsolidiert werden. In einem Zwischenschritt muss sie so verändert werden, dass sie keine intensiven Emotionen mehr auslöst.

Dazu benötigt das Gehirn drei aufeinander abgestimmte Schritte.

· · · · ● · ● · · ·

Reaktivierung des Themas

Die Erfahrung oder das Wissen wird reaktiviert, z.B. durch auffällige Auslösereize oder Kontexte des ursprünglich Gelernten. In der Praxis bedeutet dies, dass nach einer bestimmten Erinnerung gesucht wird, die einer aktuellen Erfahrung ähnelt. Diese Erinnerung wird abgerufen.

Das Gedächtnis arbeitet so, dass das gesamte Netzwerk rund um diese Erfahrung reaktiviert wird: Bilder, Emotionen, Gedanken, körperliche Zustände und Überzeugungen tauchen gemeinsam auf.

Während des Erinnerungsprozesses öffnen sich die Synapsen und die Gedächtnisschaltkreise geraten in einen labilen, d.h. veränderbaren Zustand. In diesem Zustand kann das Gehirn neue Informationen aufnehmen.

Diese Aktivierung ist der erste Schritt zur Rekonsolidierung des Gedächtnisses.

Destabilisierung ("Mismatch erzeugen")

Gleichzeitig zur Reaktivierung wird eine neue Erfahrung möglich und wird in der Praxis auch angeboten, die deutlich von den bisherigen Erwartungen und dem alten Weltmodell abweicht.

Im Rahmen der Gedächtnisrekonsolidierung ist der entscheidende therapeutische Moment derjenige, in dem gleichzeitig mit der Reaktivierung einer alten, emotional besetzten Erinnerung eine neue Erfahrung gemacht wird, die in krassem Widerspruch zu den bisherigen Erwartungen steht. Genau hier greift in faszinierender Weise die Netzwerktheorie des Gehirns.

Das Gehirn erwartet aufgrund seines alten Netzwerks eine bestimmte Reaktion (z.B. Ablehnung, Gefahr, Kritik). Stattdessen erlebt die Person aber eine völlig neue, "inkongruente" Erfahrung: zum Beispiel Zuwendung statt Ablehnung, Sicherheit statt Bedrohung, Verbundenheit statt Isolation.

Diese Erfahrung widerspricht dem bisherigen Weltmodell, also dem Bedeutungsnetzwerk, das bisher mit der Erinnerung verknüpft war. Das Gehirn erkennt einen Vorhersagefehler - ein Schlüsselbegriff der modernen Neurowissenschaft: *Die alte Erwartung passt nicht mehr zur aktuellen Realität.*

Aber das Gehirn will seine Aufgabe, uns möglichst lange am Leben zu erhalten, unbedingt erfüllen. Und deshalb will es jetzt unbedingt alte

"Fehleinschätzungen" korrigieren - auch wenn es das früher unter allen Umständen abgelehnt hat.

Und so ist es dieser Irrtum in der Vorhersage, der die Tür zu einem wirklichen Wandel öffnet.

In diesem Moment beginnt die Neuverkabelung des Netzwerks. Neue synaptische Verbindungen entstehen, alte Verbindungen verlieren an Stärke. Die Bedeutung der ursprünglichen Erfahrung wird neu "gespeichert" und in ein neues, flexibleres Modell der Welt und des Selbst integriert.

Insbesondere bei negativen Erfahrungen, die sehr tief sitzen, z.B. lange Ablehnungszeiten, muss der Prozess mehrmals wiederholt werden, damit er funktioniert. Es ist nicht zu erwarten, wie von manchen Anbietern suggeriert, dass nach einer Sitzung alles erledigt ist.

Die gleichzeitige Aktivierung einer alten Erinnerung und die Erfahrung eines emotional bedeutsamen Widerspruchs ist der Hebel, mit dem das Gehirn beginnt, sein neuronales Netzwerk umzubauen. Die emotionale Ladung wird aufgelöst, die Geschichte neu geschrieben - nicht durch Willenskraft, sondern durch erlebte Realität im richtigen Moment.

• • • ● • ● ● • • •

Tilgen oder Modifizieren mit Neuem

Im Prozess der Gedächtnisrekonsolidierung öffnet sich nach der Reaktivierung einer emotional bedeutsamen Erinnerung ein zeitlich begrenztes Fenster - in der Regel etwa fünf Stunden -, in dem das mit dieser Erinnerung verbundene neuronale Netzwerk plastisch und damit veränderbar wird.

Innerhalb dieses Zeitfensters von fünf Stunden muss eine neue Erfahrung, eine neue Information oder ein neuer Bedeutungsinhalt integriert werden, damit eine dauerhafte Veränderung eintreten kann.

In dieser labilen Phase kann das Gehirn das Netzwerk entweder:

- *Überschreiben (löschen):* wenn die neue Erfahrung oder Information dem bisherigen Netzwerk widerspricht, z.B. wenn jemand, der immer Ablehnung erwartet hat, in einer vergleichbaren Situation echte Zuneigung erfährt.

- *Ergänzen (Modifikation):* wenn die neue Erfahrung das Netzwerk differenziert oder sinnvoll erweitert, z.B. wenn man erfährt: "Damals wurde ich nicht gesehen, aber heute kann ich mich zeigen und werde gehört".

Das neu Gelernte kann, muss aber nicht identisch sein mit der widersprüchlichen Erfahrung aus dem vorherigen Schritt (Schritt 2).

Wenn es identisch ist, wirkt dieser Schritt als verfestigende Wiederholung: Das neue Muster wird stabil im Netzwerk verankert und erhält die Chance, alte Verbindungen dauerhaft zu ersetzen oder zu modulieren.

Durch den Prozess der Gedächtnisrekonsolidierung entsteht ein neues neuronales Bedeutungsnetzwerk, das nicht nur eine einzelne Erinnerung betrifft, sondern potentiell ganze Handlungsmuster, Selbstbilder und Beziehungserwartungen rekonstruiert.

Alte emotionale Reaktionen (z.B. Angst, Scham, Rückzug) verlieren ihre automatische Dominanz, weil sich ihre neuronalen Grundlagen verändert haben. Dadurch wird das Verhalten langfristig flexibler und angemessener, nicht durch Disziplinierung - sondern durch ein neues inneres Modell der Realität.

Die praktische Umsetzung mit Hilfe von Hypnose wird in Teil 2 dieses Buches dargestellt.

• • • ● ● • ● ● • • •

---

1. LeDoux, 1998

GEHIRN UND GEDÄCHTNIS

Im vorherigen Kapitel habe ich gezeigt, dass Erinnerungen keine festen Abbilder der Vergangenheit sind, sondern dynamische Konstrukte, die sich bei jeder Reaktivierung verändern können. Das ist die Grundlage des hier dargestellten Verfahrens der Gedächtnisrekonsolidierung.

Der Prozess der Rekonsolidierung spielt dabei eine entscheidende Rolle, da er *Veränderungen in der emotionalen Bewertung und Verarbeitung von Erinnerungen ermöglicht.*

Um jedoch besser zu verstehen, wie diese Veränderungen im Gehirn ablaufen, ist es wichtig, einen Blick auf die zugrunde liegende biologische Struktur zu werfen. Welche Hirnregionen sind an der Bildung, Speicherung, Veränderung und dem Abruf von Erinnerungen beteiligt?

Wie lernen diese Regionen? Und vor allem: Wenn wir neuen Erfahrungen begegnen, in welcher Reihenfolge werden diese Regionen aktiviert - und warum und wie ist das wiederum wichtig für den Prozess der Gedächtnisrekonsolidierung.

Ein tieferes Verständnis der spezifischen Hirnregionen, die für unsere Erinnerungen verantwortlich sind, hilft, den Prozess der Veränderung und Anpassung von Erinnerungen besser zu verstehen und bereitet das nächste Kapitel, die Darstellung der Netzwerktheorie, vor.

• • • ● • • ● • • • •

Das dreieinige Gehirn

Das Modell des dreieinigen Gehirns (auch Triune Brain Theory genannt) wurde von dem amerikanischen Neurowissenschaftler Paul D. MacLean entwickelt. Er stellte das Modell in den 1960er Jahren vor.

Das Modell des dreieinigen Gehirns ist heute wissenschaftlich umstritten. Das Gehirn funktioniert eher als ein holistisches Ganzes, die einzelnen Gehirnteile sind viel stärker vernetzt, als man lange annahm.

Das Gehirn arbeitet nicht hierarchisch sondern kooperativ – hunderte Netzwerke wirken gleichzeitig.

Im Kontext dieses Buches verwende ich das Modell von McLean jedoch, um zu zeigen, dass verschiedene Strukturen verschiedene Funktionen haben und dass *evolutionär ältere Strukturen evolutionär jüngere dominieren können.* Es gibt eine Dominanz von unten nach oben, von alt zu neu.

Dies steht im Gegensatz zu MacLeans ursprünglichen Vorstellungen. McLean hatte noch eine Vorstellung vom Neokortex als einer Art Krone der Schöpfung, die dominant und willensstark auf ihrem Thron sitzt oder zumindest sitzen sollte. Die heutige Neurowissenschaft weiß, dass dies nicht der biologischen Realität entspricht.

Dennoch, ich glaube, dass der Rahmen des Triune Brain Modells für die Darstellung hier sehr gut geeignet ist. Einerseits, um den eigentlichen Entwicklungsprozess des Nervensystems zu verstehen, und andererseits, um verstehen zu können, wie sowohl in der individuellen als auch in der kollektiven evolutionären Entwicklung[1] Struktur und Funktion zusammenhängen.

Das Modell ist also nicht mehr völlig aktuell, aber es ist nach wie vor gut genug, um grundsätzliche Zusammenhänge erklären zu können.

• • • ● ● ● ● ● ● • •

MacLean teilte das Gehirn in drei evolutionär aufeinander folgende Teile ein:

- *Reptiliengehirn (archisches Gehirn):* Der älteste Teil, verantwortlich für grundlegende Überlebensfunktionen wie Atmung, Herzschlag, Territorialverhalten und Instinkte. Es umfasst Hirnstamm und Kleinhirn. Dies ist der rot gezeichnete Anteil in Abbildung 4.

- *Limbisches System (Paläomammalisches Gehirn):* Entsteht mit den frühen Säugetieren, verantwortlich für Emotionen, Bindung und grundlegendes Sozialverhalten. Der gelb gezeichnete Anteil in Abbildung 4.

- *Neokortex (Neomammalisches Gehirn):* Der jüngste Teil, besonders ausgeprägt beim Menschen, verantwortlich für Denken, Sprache, Planung und bewusste Entscheidungen. Der rot gezeichnete Anteil in Abbildung 4.

• • • ● • ● ● ● • •

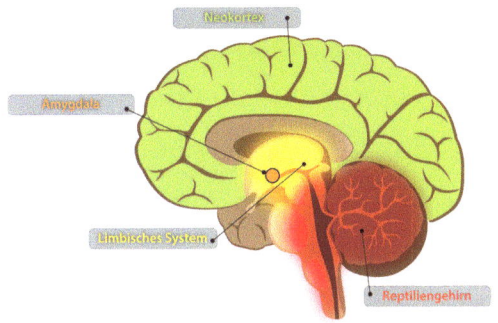

Abbildung 4: Dies ist das Modell des dreiteiligen Gehirns von Paul D. MacLean. Der Neokortex wurde grün gezeichnet, das limbische System gelb und Hirnstamm und Kleinhirn (Cerebellum) rot.

• • • ● • ● • • •

Der Neocortex

Ein zentraler Teil dieses Modells ist der jüngste Teil unseres Gehirns, den wir als "Neokortex" bezeichnen. In Abbildung 4 ist dies der grün gezeichnete Teil des Gehirns.

Dieser Teil steht für die verschiedenen Strukturen, die die höheren Zentren unseres Nervensystems bilden. Sie ermöglichen unsere Persönlichkeit, unsere geistige Wahrnehmung und die Fähigkeit, Kunst,

Philosophie und andere wunderbare Ausdrucksformen zu schaffen. Es ist der Teil unseres Nervensystem, der uns zu Menschen macht.

Der Neokortex macht ein Drittel des gesamten Gehirns aus. Er hat, besonders der Teil, der als "präfrontaler Kortex" (PFC) bezeichnet wird,[2] viele wichtige Funktionen, wie Problemlösung, Konzentration, Arbeitsgedächtnis und Organisation.

Er reguliert Gedankenwechsel, Interpretation von Informationen, Persönlichkeit, Impulskontrolle, Emotionsregulation, Entscheidungsfindung, *Abruf von Erinnerungen*, expressive Sprache, soziales Urteilsvermögen, Initiierung. Motivation, positive, die in der linken Hemisphäre liegt, und negative, die in der rechten Hemisphäre liegt. Weiterhin Einstellungen, Langzeitgedächtnis, Affekt, Verhalten.

In diesem Zusammenhang ist es sehr wichtig zu wissen, dass die Fähigkeit zu dem, was wir "Wille" oder "Absicht" nennen, größtenteils im präfrontalen Kortex angesiedelt ist. Der präfrontale Kortex (PFC) spielt eine zentrale Rolle bei zielgerichtetem Handeln, Planung, Entscheidungsfindung und Selbstkontrolle – alles Funktionen, die unter den Begriffen "Wille" und "Absicht" zusammengefasst werden können.

Wenn dieser, aus welchen Gründen auch immer, nicht mehr oder nicht mehr vollständig zur Verfügung steht, haben wir keinen oder keinen ausreichenden Willen mehr, um destruktive Impulse *zu hemmen*.

Es gibt den Willen, nicht bewusst eingesetzt, nicht unbewusst eingesetzt, es gibt ihn einfach nicht, wenn es keinen aktiven oder ausreichend aktiven PFC gibt. Oder, wenn er gerade "offline" ist, dann gibt es ihn nicht mehr oder kaum noch, je nachdem, wie sehr der Neokortex, bzw. PFC "offline" ist.

• • • ● • ● • • •

Das limbische System

Hier geht es um Emotionen, Bindungen und soziale Beziehungen. Es liegt tiefer im Gehirn und es umfasst Strukturen wie den Hippocampus (wichtig für Gedächtnis und räumliche Orientierung) und die Amygdala, die für emotionale Reaktionen - insbesondere Angst - zuständig ist. Diese Bereiche sind schon sehr früh in unserer Entwicklung aktiv.

Das limbische System entwickelt sich auch ontogenetisch (in der individuellen Entwicklung) vor dem Neokortex.

• • • ● • ● • • •

Der Hirnstamm

Der Hirnstamm besteht aus dem Mittelhirn, der Brücke (Pons) und der Medulla oblongata. Seine wichtigsten Funktionen sind: Überleben, Reflexe und grundlegende Körperfunktionen. In diesem Zusammenhang ist der Aspekt des Überlebens entscheidend.

• • • ● • ● • ● • •

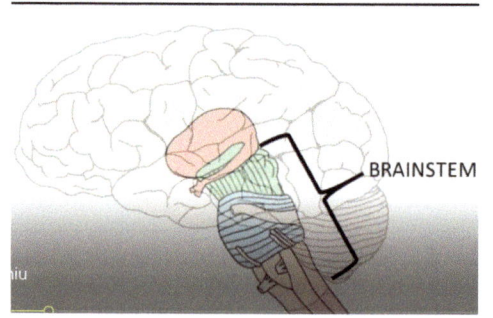

Der Hirnstamm

Reagiert auf:

- Sinneseindrücke
- (Orientierung)
- Körperliche Veränderungen
- Atemtechniken
- und vieles mehr.

- Dieser Teil hat KEIN Zeitkonzept und somit auch keine Vorhersehbarkeit!

BRAINSTEM

Abbildung 5: Der Hirnstamm. Der rote obere Teil im Bild ist das Mittelhirn. Dies ist eine bearbeitete Version eines Bildes des funktionellen Neurologen Titus Chiu.

• • • ● • ● • • • •

Diese Strukturen kontrollieren, wie dargestellt, neben Überlebensreaktionen auch grundlegende Überlebensfunktionen wie Atmung, Herzschlag und Blutdruck. Das Kleinhirn ist klassischerweise für die Koordination von Bewegungen bekannt, aber neuere Studien zeigen, dass es auch eine wichtige Rolle bei der Regulierung des autonomen Nervensystems spielt, d.h. bei der Balance zwischen Sympathikus und Parasympathikus.

Besonders spannend ist das Mittelhirn, also der obere Teil des Hirnstamms. In Abbildung 5 ist es rot eingezeichnet. Wenn dieses Areal aktiviert wird, kann es eine starke sympathische Reaktion auslösen - ein Teil des Überlebensmodus unseres Körpers. Diese Reaktion ist eingebettet in ein größeres neuronales Netzwerk, das "retikuläre Aktivierungssystem".

Dieses Netzwerk spielt eine zentrale Rolle für Wachsamkeit und das schnelle Erkennen von Gefahren - und damit letztlich für unser Überleben.

Es organisiert und fokussiert unsere Aufmerksamkeit. Wenn man beispielsweise plant, sich einen Golf zu kaufen, sorgt es dafür, dass man auf der Straße ständig Autos der Marke "Golf" entdeckt, die man vorher vielleicht völlig ausgeblendet hätte.

Wenn das Mittelhirn chronisch aktiviert wird, ist man also ständig in höchster Alarmbereitschaft. Das bedeutet, man sucht die Umgebung ständig nach Anzeichen von Gefahren ab.

Wenn das Mittelhirn überaktiv ist, kann dies zu einer verstärkten Kampf-oder-Flucht-Reaktion führen - also zu einer Überaktivierung des sympathischen Nervensystems. Mehr dazu in den Kapiteln 5 und 6.

• • • • ● • ● • ● • •

Es wird häufig gesagt, dass der Hirnstamm bzw. das Reptiliengehirn für unser Überleben zuständig ist. Wahr ist, es geht in allen Teilen des Gehirns ums Überleben. Der Unterschied ist, *wie* wir überleben.

Wenn wir zum Beispiel Mitgefühl für andere entwickeln und lernen, vorausschauend zu denken, indem wir unsere präfrontalen Kortex trainieren, dann hilft uns das nicht nur zu überleben, sondern auch zu gedeihen. Auch im limbischen System, wo Bindung und emotionale Nähe entstehen, geht es letztlich ums Überleben - nämlich durch soziale Verbundenheit.

Und natürlich spielt auch das "Reptiliengehirn" bzw. der Hirnstamm eine zentrale Rolle, es steht für die ganz grundlegenden instinktiven Überlebensmechanismen und die Auslösung der vier Stressreaktionen. Dieser Teil des Gehirns steht für das ganz kurzfristige Überleben.

Unsere Reaktionen reichen also vom reinen Überleben auf der körperlichen Ebene hin zu einem komplexeren, sozialen und bewussten Überleben. Es sind einfach verschiedene Ebenen oder Stufen des Lebens - aber alle haben mit dem gleichen Grundantrieb zu tun, dem Überleben.

Individuelle Entwicklung und Evolution

Ein besonders spannender Aspekt des "Triune Brain"-Modells ist, dass sich Ontogenese (die Entwicklung des Gehirns beim Individuum vom Embryo zum Erwachsenen) und Phylogenese (die evolutionäre Entwicklung der Arten) in diesen drei Hirnstrukturen widerspiegeln und überlappen. Das heißt:

- *Die ältesten Hirnstrukturen wie der Hirnstamm und das Kleinhirn* (Reptiliengehirn) entstehen sowohl evolutionär als auch ontogenetisch (individuelle Entwicklung) als erste. Sie steuern grundlegende Überlebensfunktionen und sind beim Menschen bereits im Mutterleib aktiv.

- *Das limbische System* (Säugetiergehirn) entwickelt sich evolutionär und individuell später. Es wird aktiv, wenn soziale Bindungen, Emotionen und erste Erinnerungen eine Rolle spielen.

- *Der Neokortex* (Delfingehirn), das evolutionär jüngste Hirnareal, reift beim Menschen am spätesten - in der Regel erst in der Jugend oder im jungen Erwachsenenalter. Gleichzeitig steht es für die Fähigkeiten, die uns als moderne Menschen auszeichnen: Selbstreflexion, Sprache, Kreativität und bewusstes Denken.

Diese Parallele zwischen individueller Entwicklung und Evolutionsgeschichte macht das Modell besonders anschaulich - und erklärt, warum frühkindliche Erfahrungen einen so starken Einfluss auf unser Nervensystem haben. Was zuerst da ist, bildet die Grundlage für alles Weitere.

Reihenfolge der Verarbeitung

Ein weiterer faszinierender Aspekt der drei Gehirnteile im "Triune Brain"-Modell ist die Art und Weise, wie sie Sinnesreize verarbeiten - zeitlich gestaffelt und auf ganz unterschiedliche Weise.

Wenn ein Reiz - zum Beispiel ein Geräusch oder ein Bild - auf unser Nervensystem trifft, wird er nicht gleichzeitig von allen drei Gehirnteilen verarbeitet, sondern zeitversetzt und mit jeweils unterschiedlicher Bedeutung:

- *Hirnstamm und Kleinhirn (Reptiliengehirn):* Hier findet die schnellste, automatische Verarbeitung statt. Das Gehirn prüft sofort, ohne das Bewusstsein einzuschalten: Ist das gefährlich? Soll ich fliehen, kämpfen oder ruhig bleiben? Diese Reaktion ist reflexartig und unbewusst - sie entscheidet in Millisekunden über unsere körperliche Grundreaktion.

- *Limbisches System (Säugetiergehirn):* Millisekunden später wird der Reiz emotional bewertet. Habe ich so etwas schon einmal erlebt? War es angenehm oder bedrohlich? Hier entstehen Gefühle wie Angst, Freude oder Ekel - sie färben den Reiz emotional ein.

- *Neokortex (Delfingehirn):* Am langsamsten, aber eben auch sehr differenziert, reagiert schließlich der Neokortex. Er kann den Reiz rational und bewusst analysieren: Was genau sehe oder höre ich? In welchem Zusammenhang steht das? Was bedeutet es? Erst hier wird der Reiz intellektuell eingeordnet - das dauert länger, ermöglicht aber zielgerichtetes Denken, Handeln oder Umlernen.

Frontallappen

Ermöglicht die Fähigkeit, rational zu denken,
aufsteigende Impulse zu hemmen.
Was kann ich daraus lernen? = 3

Limbisches System

Gefühle werden erzeugt und verarbeitet.
Werde ich geliebt? = 2

Hirnstamm

Schätzt sensorischen Input daraufhin ein,
ob die Situation sicher ist oder nicht.
Bin ich sicher? = 1

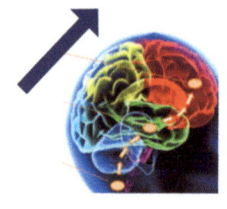

Die Reise eines Sinneseindrucks
durch das Gehirn: von unten
*nach oben, **von alt zu neu!***

Abbildung 6: Sinnesreize werden im Gehirn in einer bestimmten Reihenfolge verarbeitet. Das bedeutet, dass die älteren, aber schnelleren Gehirnzentren zuerst alle Informationen erhalten und reagieren können, bevor der Neocortex sich einschaltet und die Situation analysiert.

• • • ● • ● • • •

Wenn Stress auf Kontrolle trifft

Das Gehirn ist also kein einheitlicher Block, sondern ein faszinierendes Zusammenspiel verschiedener Ebenen. Die drei Ebenen arbeiten ständig miteinander - allerdings nicht auf Augenhöhe. Der Hirnstamm, der evolutionär älteste Teil, reagiert schnell, reflexhaft *und kurzfristig überlebensorientiert.*

Das limbische System und der Neokortex wirken dagegen *wie eine Bremse* auf diese automatischen Reaktionen - sie ermöglichen emotionale Einordnung, bewusstes Denken, moralisches Handeln und vorausschauendes Planen.

Allerdings entwickelt sich diese "Bremse" ontogenetisch (also in der individuellen Entwicklung) erst später. Gerade in der Kindheit ist der Neokortex noch nicht ausreichend entwickelt, noch unreif, wie wir sagen, weshalb Kinder oft impulsiv, emotional oder überfordert reagieren - das "Bremssystem" ist einfach noch nicht stark genug ausgeprägt.

Als Kinder haben wir noch keinen voll entwickelten Neokortex, weshalb Kleinkinder - wie alle Eltern wissen - ihre heftigen Wutausbrüche oft nicht selbst regulieren können.

Im Laufe unserer Reifung beginnen der Frontallappen (Neokortex) und die limbischen Strukturen das Mittelhirn zu bremsen und es daran zu hindern, sozial unangemessene Reaktionen zu produzieren. Das ist entscheidend: *Wenn der Neokortex die Kontrolle hat, kann er die tieferen subkortikalen Zentren hemmen und deren Impulse regulieren.*

Hier geht es allerdings nicht um Dominanz, sondern um Ausgewogenheit.

Das heißt, wir schreien niemanden an, bleiben freundlich und verlieren nicht die Kontrolle. Kein offener, brutaler Kampf, keine Flucht - der Neokortex, bzw. präfrontale Kortex und mit ihm eine lösungsorientierte Haltung bestimmen unser Verhalten.

Aber auch bei Erwachsenen kann diese Hemmung versagen - zum Beispiel bei Traumata, chronischem Stress, also einer einmaligen oder chronischen Übererregung des Hirnstamms. In solchen Fällen übernimmt das "untere Gehirn" wieder die Kontrolle: Kampf, Flucht oder Erstarrung dominieren - das rationale Denken wird regelrecht abgeschaltet.

Und dann reagieren die ebenfalls erlernten, aber sehr kurzfristigen Reaktionsmuster - die vielleicht schnell eine Lösung bringen, aber langfristig schaden.

Das Alte kann das Neue überwältigen - das Neue kann das Alte nur hemmen.

Das hat evolutionäre Gründe. Der Neokortex arbeitet "langsam" und "gründlich", aber zu langsam und zu gründlich für bedrohliche Situationen, in denen es auf Sekundenbruchteile ankommt. Niemand fasst eine heiße Herdplatte an und überlegt, was er tun wird. Wir reagieren unmittelbar und instinktiv. Das Gleiche gilt für alle Situationen, in denen der Hirnstamm *einschätzt*, dass wir in Lebensgefahr sind.

· · · · ● · ● · · · ·

Das bedeutet: Bei Gefahr oder chronischem Stress kann der Hirnstamm jederzeit die Kontrolle übernehmen und den Neokortex "abschalten". *Umgekehrt hat der Neokortex keine direkte Macht über den Hirnstamm - er kann ihn lediglich hemmen und sein Verhalten modulieren.*

Diese Hemmung ist jedoch fragil und störanfällig - bei Überlastung oder Krankheit oder Dysfunktion des Neokortex kippt das System daher schnell in alte Reaktionsmuster zurück.

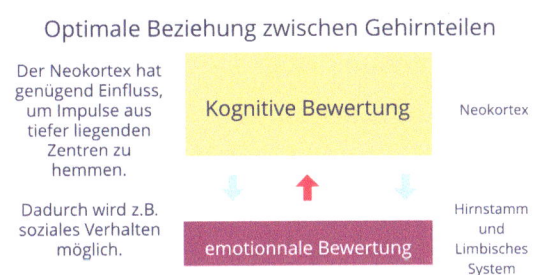

Abbildung 7: Gesunde Situation, der Neokortex hat einen ausreichenden Einfluss.

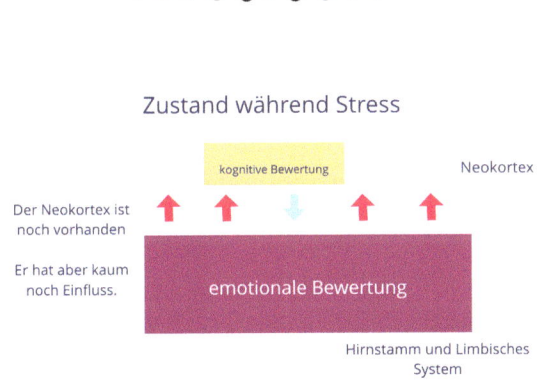

Abbildung 8: Emotionen dominieren.

Es gibt keine Heilung, weder körperlich noch seelisch, ohne dass unser System von einer sympathischen Überaktivität in eine gesunde Form der parasympathischen Aktivität übergeht.

Für die Heilung bedeutet das: Der Hirnstamm darf nicht in Daueraktivität geraten. Ziel ist ein harmonisches Zusammenspiel: Der Neokortex und das limbische System sollen ihre hemmende, beruhigende Wirkung entfalten können - damit der Mensch nicht im Überlebensmodus stecken bleibt, sondern in den Heilungsmodus des ventral gesteuerten Parasympathikus wechseln kann.

· · ● ● · ● ● · · ·

Top-down und Bottom-up-Verarbeitung

Das Triune Brain Model ist für das Verständnis von Bottom-up bzw. Top-down Prozessen besonders wichtig, weil es erklärt, wie Informationen im Gehirn verarbeitet werden - entweder von unten nach oben (Bottom-up) oder von oben nach unten (Top-down) - und wie diese Verarbeitungsrichtung unser Verhalten, unsere Emotionen und unsere Heilungsprozesse beeinflusst.

· · ● ● · ● · · ·

Top-down-Regulation   *Bottom-up-Regulation*

Der Neokortex ist fähig, die Arbeit tieferer Gehirnzentren zu beeinflussen und aufsteigende Impulse zu **HEMMEN!**

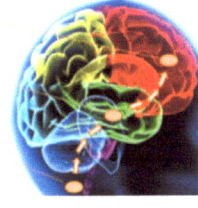

Tiefere Gehirnzentren können den Neokortex buchstäblich überrennen und **„ausschalten".**

Der Trigger ist Stress!

Abbildung 9: Top-down und Bottom-up-Regulation

Beide Prozesse arbeiten ständig zusammen:

- Du siehst eine Maus (Bottom-up), bekommst einen Schrecken – aber erinnerst Dich daran, dass sie harmlos ist (Top-down).

- Oder Du erwartest etwas Positives (Top-down) – und nimmst dadurch Sinneseindrücke sogar anders wahr (z.□B. Musik klingt besser, wenn Du gute Laune hast).

Aber auch, wenn beide Prozesse ständig zusammenarbeiten, einer von beiden kann in der dominanten Position sein, was nicht bedeutet, dass der andere vollständig ausgeschaltet ist.

- Bei der Bottom-up-Verarbeitung dominieren evolutionär ältere Hirnzentren.

- Bei der Top-down-Verarbeitung dominieren evolutionär jüngere Hirnzentren den Verarbeitungsprozess von Informationen im Gehirn.

$$\cdot \cdot \cdot \bullet \bullet \bullet \bullet \bullet \cdot \cdot \cdot$$

Bottom-up-Verarbeitung (reizgesteuert)

Bottom-up bedeutet ganz allgemein, von unten nach oben. Der Begriff wird in vielen Kontexten verwendet, hier bedeutet er, dass Informationen vom Reptiliengehirn (Hirnstamm und Kleinhirn) über das limbische System bis hin zum Neokortex *aufsteigen*. Die Reize werden zunächst unbewusst bewertet und können dann zu bewussten Gefühlen oder Gedanken führen, *wenn der Hirnstamm das Ereignis als "sicher genug" einschätzt.*

Dies bedeutet, dass eine Information den Hirnstamm erreicht, BEVOR sie den Neokortex erreicht.

Die Informationsverarbeitung beginnt draußen - bei den Sinnesorganen - und wird von dort nach oben zum Gehirn weitergeleitet.

Beispiel: Du hörst plötzlich ein lautes Geräusch hinter Dir - Dein Körper zuckt zusammen, Dein Herzschlag beschleunigt sich. Dein Gehirn hat automatisch und unbewusst auf den Reiz reagiert, bevor Du bewusst darüber nachgedacht hast.

Die Charakteristik der Bottom-up-Verarbeitung ist: schnell, automatisch, instinktiv. Die Grundlage sind: Sinnesreize. Diese können aus der Außenwelt kommen aber auch durch Erinnerungen ausgelöst werden.

- *Was?* Reize aus der Umwelt steuern die Wahrnehmung.

- *Beispiel im Alltag:* Du gehst durch den Park und hörst plötzlich ein lautes Geräusch hinter Dir - Du drehst Dich erschrocken um. Der Reiz (das Geräusch) kam zuerst und hat Deine Aufmerksamkeit erregt.

· · · ● · ● · · ·

- *Dein Gehirn hat eine entsprechende Stressreaktion vorbereitet:* Aktivierung des Sympathikus mit der Möglichkeit von Kampf oder Flucht. Oder Du gehst durch den Park, es droht keine Gefahr, aber das Rascheln der Blätter im Wind erinnert Dich an ein unangenehmes Erlebnis. Die Erinnerung macht den Spaziergang zum Horrortrip.

- *Reizgesteuert* – die Information kommt (oder kam einst) von außen nach innen. Weitergeschickt wird sie von unten nach oben!

· · · ● · ● ● · · ·

Top-down-Prozesse

Top-down bedeutet allgemein von oben nach unten. Die Situation, in der der Neokortex (weitgehend) die Kontrolle hat, wird als Top-down-Verarbeitung bezeichnet. "Top-down" bedeutet: von oben nach unten.

Bezogen auf das Gehirn bedeutet dies, dass ein Sinneseindruck erst dann bewusst und willentlich reflektiert werden kann, wenn er Strukturen erreicht hat, die zur Top-down-Verarbeitung fähig sind. Die Informationsverarbeitung entsteht im oberen Teil des Gehirns -

im Kortex, insbesondere im präfrontalen Kortex - also beim Denken, Erinnern, Planen, Interpretieren.

Beispiel: Du siehst im Dunkeln eine Bewegung und denkst zunächst, es könnte sich um einen Einbrecher handeln, woraufhin Dein System mit Adrenalin überschwemmt wird und Du instinktiv einen Fluchtweg suchst. Das ist die erste aufsteigende, reizgesteuerte Bottom-up-Verarbeitung eines Ereignisses. Doch dann fällt Dir ein, dass Du draußen die Katze gesehen hast. Du beruhigst Dich, bevor Dein Körper überreagiert (Top-down-Verarbeitung, hemmt die Stressreaktion erfolgreich).

Der Top-down-Ansatz ist bewusst, reflektiert und kontrolliert. Die Grundlagen sind: Erfahrungen, Wissen, Erwartungen. Je mehr positive Erinnerungen wir haben, desto besser sind wir in der Lage, Bottom-up-Prozesse zu regulieren.

Top-down-Verarbeitung hat häufig die Aufgabe Bottom-up-Reaktionen zu beruhigen. Sie ermöglicht Selbstregulation.

- *Was?* Dein Vorwissen, Erwartungen oder Ziele beeinflussen Deine Wahrnehmung.

- *Beispiel im Alltag:* Du suchst Deine Freundin auf einer vollen Straße – Du erkennst sie schnell, weil Du weißt, wie sie aussieht. Das bedeutet: Deine *Erwartung* und *Dein Wissen* steuern, worauf Du achtest.

- *Wissensgesteuert* – die Information kommt von innen nach außen.

Die Top-down-Verarbeitung, die bewusste, willentliche Handlung, muss aktiv angestrebt werden, während die Bottom-up-Verarbeitung reflexartig, automatisch, ohne aktive Anstrengung oder Zutun erfolgt.

• • • ● • ● • • •

Dominanter Verarbeitungsmodus

Dominante Top-down-Verarbeitung

Bei der Top-down-Verarbeitung übernehmen evolutionär jüngere Hirnregionen – wie der präfrontale Kortex (Neokortex) – die Kontrolle. Sie ermöglichen reifere und komplexere Lösungen, die auf Langfristigkeit, Selbstregulation und soziale Bindung ausgerichtet sind.

• • • ● • ● • • •

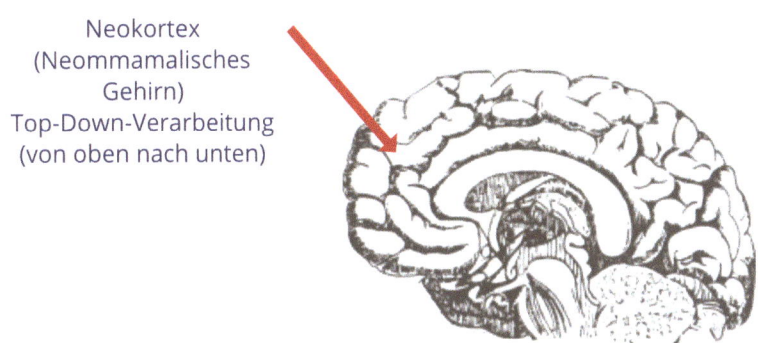

Neokortex
(Neommamalisches
Gehirn)
Top-Down-Verarbeitung
(von oben nach unten)

Abbildung 10: Top-down-Verarbeitung. Der Neokortex hat das Sagen. Emotionen werden sozial adäquat reguliert und langfristig verarbeitet.

• • • ● • ● • ● • • •

Dominante Bottom-up-Verarbeitung

Es kann aber auch vorkommen, wie weiter oben schon dargestellt, dass die Bottom-up-Verarbeitung dominiert.

• • • ● • ● • ● • • •

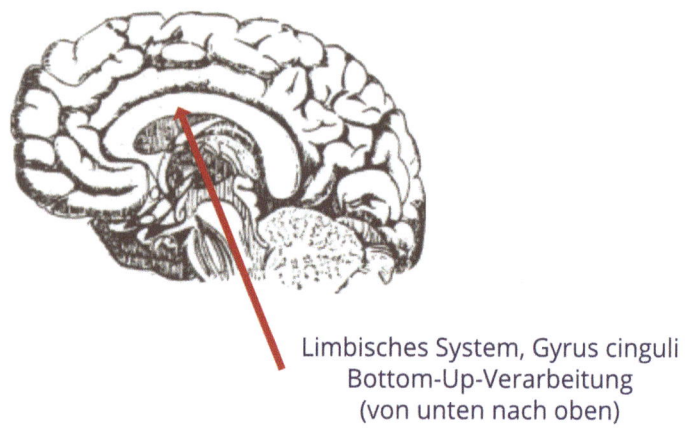

Limbisches System, Gyrus cinguli
Bottom-Up-Verarbeitung
(von unten nach oben)

Abbildung 11: Bottom-up-Verarbeitung. Subkortikale Zentren beeinflussen das Geschehen mit kurzfristigen, instinktiven Lösungen. Emotionen werden nicht mehr adäquat reguliert und langfristig verarbeitet. Es kommt zu Gefühlsstürmen.

• • • • **•** • **•** • • •

Das liegt daran, dass diese Struktur andere Hirnareale übersteuert. Und genau das passiert - zum Beispiel mit dem Mittelhirn - oft nach einem Trauma und den damit verbundenen emotional sehr intensiven Erinnerungen.

Wenn man ein traumatisches Erlebnis hat, sei es ein körperliches wie eine Gehirnerschütterung oder ein emotionales Trauma, dann kann dieser Bereich des Gehirns in einen Alarmzustand schalten - sozusagen auf Alarmstufe Rot.

Und wenn das Trauma stark genug oder chronisch genug ist, auch wenn es sich um so genannte Mikrotraumata handelt, dann bleibt dieses Mittelhirn (Teil des Hirnstamms) im Schnellgang stecken. Plötzlich, wenn es darum geht, unsere Umwelt zu erkunden, ist es immer in höchster Alarmbereitschaft, obwohl es keine erkennbare Bedrohung gibt. So können chronisch übersteigerte Stressreaktionen ausgelöst werden, die dann zu entsprechend belastenden Erinnerungen führen. Dies ist ein Teufelskreis.

Und das bedeutet: Ständiger Stress, ständiger Kampf, ständige Flucht. Der Hirnstamm und seine Lösungsmöglichkeiten, also Verhaltensweisen, die allesamt kurzfristig, brutal, egoistisch und nur auf das momentane Überleben ausgerichtet sind, dominieren das Verhalten.

· • • ●·●·• • ·

Top-down und Bottom-up: Zwei Wege der Heilung

Die Heilung des Gehirns funktioniert ebenfalls auf diesen beiden Wegen:

- *Top-down* - über bewusste kognitive Prozesse, etwa durch Meditation, Visualisierung oder Achtsamkeit.

- *Bottom-up* - über körperliche Zugänge wie Atmung, Bewegung, Stimulation des Vagusnervs oder Augenübungen.

· · · · ● · ● · · ·

Wie kann es sein, dass das hier eher negativ dargestellte Verarbeitungsprinzip "Bottom-up", ein Aktivierungsmodus des Gehirns, der eher Teil des Problems ist, auch zur Heilung eingesetzt werden kann? Der Hirnstamm hat Strukturen, die zur Beruhigung des oberen Teils eingesetzt werden können.

Der Hirnstamm gehört, wie gesagt, zum sogenannten Reptiliengehirn - einer evolutionär sehr alten Struktur, die für das Überleben zuständig ist.

Der obere Teil des Hirnstamms ist Teil des retikulären Aktivierungssystems, das für Wachsamkeit und Reaktionsfähigkeit sorgt. Das ist der Teil, der überaktiv werden kann.

Die Medulla oblongata, der untere Teil des Hirnstamms, steuert lebenswichtige Körperfunktionen wie Atmung, Herzschlag und Verdauungsreflexe. In diesem Bereich befinden sich auch wichtige Ursprungszellen des Nervus vagus, der als Hauptverbindung zwischen Gehirn und inneren Organen eine zentrale Rolle im parasympathischen Nervensystem spielt.

Der Vagusnerv spielt eine zentrale Rolle bei der Regulation des autonomen Nervensystems, insbesondere durch seine Verbindung zum Rückenmark. Er ist nicht selbst die Ursache der Beruhigung, sondern vermittelt Reize, die über die Medulla diese Wirkung auslösen können. Tiefe Atmung ist ein Beispiel für eine Aktivität, die diesen Prozess auslösen kann.

· · · · ● · ● · · · ·

In der therapeutischen Arbeit mit Menschen, die ein Trauma erlebt haben, hat sich ein sogenannter Bottom-up-Ansatz bewährt. Warum? Die Emotionen sind oft so unverarbeitet und intensiv, dass der Zugang zum Neokortex nicht oder nur sehr schwer möglich ist. Er ist einfach zu abgeschaltet und es kostet zu viel Energie, ihn wieder zu aktivieren. Die Bottom-up-Verarbeitung dominiert zu sehr, die Top-down-Regulationsfähigkeiten können nicht oder nicht ausreichend genutzt werden.

Bei der Bottom-up-Heilung wird der untere Teil des Nervensystems aktiviert, um eine beruhigende Wirkung auf die stressauslösenden

Bereiche des Mittelhirns auszuüben. Auf diese Weise wird die Schwierigkeit umgangen, den Neokortex zu aktivieren.

Zu den unterstützenden Bottom-up-Maßnahmen gehören Atemtechniken, der Einsatz von Duftölen, Musiktherapie, sanfte Bauchmassagen und meditative Praktiken. Auch Geräusche und Vibrationen wie Summen, Singen oder das Wiederholen bestimmter Laute wie "ah", "ee" oder "om" können den Vagusnerv stimulieren. Diese Reize aktivieren sensorische Bahnen, die über die Medulla oblongata regulierend auf den Hirnstamm wirken.

Auf diese Weise kann ein Gleichgewicht zwischen sympathischer Überaktivierung und parasympathischer Regulation wiederhergestellt werden - ein zentrales Element im Heilungsprozess.

Zwei Arten der Selbstregulation:

- **Top-down** (Neurokognitiv: Meditation, Visualisierung, Einordnen, konsistente Narration, lösungsorientierte Strategien).

- **Bottom-up** (Körperarbeit, Geruch, Klang, Körperposition werden bewusst verändert).

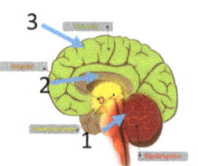

Abbildung 12: Heilung und Verarbeitungsprozesse.

• • • • ● • ● • • •

Die Stressreaktionen

Sensorische Reize wie Lärm, Schmerz oder bedrohliche Bilder werden von den Sinnen aufgenommen und sofort an den Hirnstamm weitergeleitet. Der Hirnstamm bewertet diese Reize rudimentär - ist es sicher oder gefährlich? Und rudimentär heißt - er vergleicht nur wenige Merkmale. Er sucht nur nach ganz groben Ähnlichkeiten. Für mehr hat er keine Zeit.

Bei wahrgenommener Gefahr aktiviert er blitzschnell das autonome Nervensystem, insbesondere den Sympathikus. Gleichzeitig wird die Amygdala (Teil des limbischen Systems) informiert, die die emotionale Bewertung übernimmt und die Stressreaktion weiter verstärkt - ebenfalls bottom-up.

Der Hirnstamm ist wie ein automatischer Alarmknopf. In der Bottom-up-Verarbeitung löst er intuitive körperliche Stressreaktionen aus, bevor unser Denken überhaupt eingreifen kann. Diese schnelle Reaktion war, wie gesagt, evolutionär überlebenswichtig - führt heute aber auch dazu, dass wir manchmal "überreagieren", bevor wir den Zusammenhang bewusst erfasst haben.

Stephen W. Porges, der Entwickler der Polyvagaltheorie, hat für diesen Vorgang den Begriff "Neurozeption" geprägt.

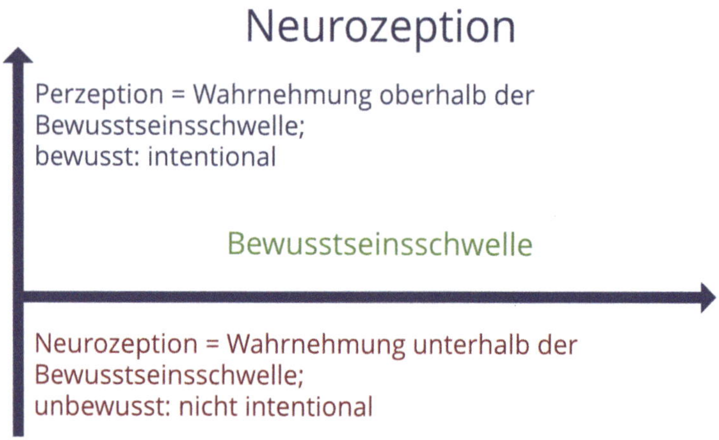

Neurozeption

Perzeption = Wahrnehmung oberhalb der
Bewusstseinsschwelle;
bewusst: intentional

Bewusstseinsschwelle

Neurozeption = Wahrnehmung unterhalb der
Bewusstseinsschwelle;
unbewusst: nicht intentional

Abbildung 13: Neurozeption nach Stephen W. Porges.

• • • ● •● ● ● •• •

Die vier Stressreaktionen

Eine Stressreaktion ist die Art und Weise, wie der Körper auf wahrgenommene Bedrohungen oder Herausforderungen reagiert.

Die vier Stressreaktionen werden unbewusst und unwillkürlich ausgelöst. Diese Reaktionen sind uralte Überlebensmechanismen, die uns helfen, schnell auf gefährliche oder lebensbedrohliche Situationen zu reagieren. Wir teilen sie mit den meisten Tieren.

Alle Stressreaktionen dienen der Wiederherstellung der Sicherheit, der Homöostase. Ursprünglich geschah dies durch körperliche Aktionen. Heute haben wir immer noch einen Körper, der auf Bedrohungen vorbereitet ist, als wären es physische Bedrohungen, der aber auf eine ganz andere Art von Bedrohung sozialverträglich reagieren muss, was ihm zweifellos nicht immer gelingt.

Die Reaktionsformen können unterteilt werden in: Kämpfen, Flüchten, Erstarren, Beschwichtigen, Verhandeln.

Abbildung 14: Drei verschiedene Einschätzungen der Situation und korrespondierende Stressreaktionen.

• • • ● • ● • • •

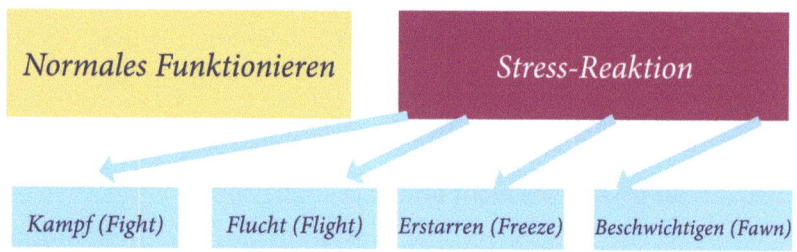

Schätzt das Gehirn eine Situation als gefährlich ein, aktiviert es Zentren, die zu primitiven Reaktionsformen fähig sind. Ziel ist es, die Sicherheit wiederherzustellen.

Abbildung 15: Stress und Stressreaktion

Aber, auch wenn die Reaktionsformen an sich wahrscheinlich angeboren sind, ist ihre Umsetzung beim Menschen weitgehend erlernt. Eine Gazelle flieht, wenn sie einen Löwen sieht und hat nur diese eine Reaktionsform zur Verfügung.

Der Mensch kann diese Grundreaktionen sehr stark verändern. Er kann z.B. verschiedene Formen der Flucht erlernen, verbale und physische. Der Zusammenhang zwischen Reiz und Reaktion ist beim Menschen weit mehr erlernt als angeboren, also konditioniert.

Das heißt, es besteht eine einfache, aber stabile Verbindung. Beispiel: Es ist angeboren, bei Gefahr wegzulaufen. Es ist erlernt, diesen Reflex im Straßenverkehr einzusetzen und rechtzeitig zu bremsen oder rechtzeitig zur Seite zu springen. Dass Autos gefährlich sein können, ist nicht angeboren, sondern genauso erlernt wie die Angst vor Mäusen.

Kampf (Fight)

Der Kampf- oder "Fight"-Zustand ist eine Aktivierungsreaktion des autonomen Nervensystems (ANS), bei der der Körper auf eine Bedrohung mit aktiver Abwehr oder Verteidigung reagiert.

Eine Möglichkeit, die schon unsere Vorfahren hatten, wenn der sprichwörtliche Säbelzahntiger kam, ist, einen Stein aufzuheben, den Stein zu nehmen und seinen Schädel zu spalten. Das ist eine Möglichkeit, am Leben zu bleiben. Dieser Weg erfordert die sehr schnelle Bereitstellung von sehr viel körperlicher Energie.

Bei einer Kampfreaktion wird die Aktivität des sympathischen Nervensystems erhöht, was zu einer Steigerung der Herzfrequenz, des Energieniveaus und der Wachsamkeit führt. Diese Reaktion ermöglicht es dem Körper, sich aktiv gegen die Bedrohung zu verteidigen.

Die physische Form des Angriffs ist der körperliche Kampf, in welcher Form auch immer, die psychische Form ist der verbale Angriff, die Demütigung, die Abwertung, die verbale Verletzung.

Wenn wir uns in einer Kampfreaktion befinden, ist das etwas anderes, als wütend zu sein und unsere Wut auszudrücken. Wenn wir in einer Überlebensreaktion aktiviert sind, handeln wir nicht wirklich mit unserem ganzen Selbst. Wir befinden uns geistig in einem Überlebenskampf.

Wenn wir uns in einer Kampfreaktion befinden, können wir nur uns und unsere Bedürfnisse wahrnehmen, die andere Person spielt keine Rolle mehr. In einer Kampfreaktion ist der andere zweitrangig. Wir müssen die Begegnung überstehen. Wir sind oft heißblütig und impulsiv. Wir denken nicht darüber nach, wie sich das, was wir sagen, auf unsere Beziehungen auswirkt.

Menschen, die typischerweise in eine Kampfreaktion verfallen, haben viel mehr Probleme in ihren Beziehungen, weil andere Menschen Angst vor ihnen haben und versuchen, sich vor ihnen zu schützen.

Flucht (Flight)

Die Fluchtreaktion ist wiederum ziemlich selbsterklärend. Unsere Vorfahren sahen ein Raubtier und flohen so schnell sie konnten.

Die gleiche Fluchtreaktion kann auch gedanklich oder verbal erfolgen. Ausreden sind zum Beispiel eine Form der Flucht. Ziel ist es, der Gefahr zu entkommen und einen sicheren Ort zu finden.

Die Fluchtreaktion ist eine weitere der vier Hauptreaktionen des autonomen Nervensystems (ANS) auf wahrgenommene

Bedrohungen. Die Fluchtreaktion ist eine Aktivierungsreaktion des ANS, bei der der Körper auf eine Bedrohung mit Flucht oder Rückzug reagiert. Die Fluchtreaktion erhöht die Aktivität des sympathischen Nervensystems, einer der Hauptkomponenten des ANS, was zu einer Erhöhung der Herzfrequenz, des Energieniveaus und der Wachsamkeit führt.

Auch bei dieser Reaktion kommt es also zu einer erhöhten Aktivität des sympathischen Nervensystems.

Diese Reaktion ermöglicht es dem Körper, sich aktiv von der Bedrohung zu entfernen und Schutz zu suchen. Dies ist die physische Form der Flucht. Die psychische Form der Flucht ist z.B. die Prokrastination, bei der eine Aufgabe über längere Zeit vermieden wird. In Beziehungen wird "nicht darüber geredet" und einer der Partner zieht sich ständig zurück oder macht in der Kommunikation ein steinernes Gesicht. Es wird "jetzt nicht" diskutiert.

Wenn wir eine Fluchtreaktion haben, wollen wir weg von unserer Heimatstadt und unserer Familie. Wir können auch viel Zeit vor dem Bildschirm verbringen, mit Videospielen, Filmen, Shows. Wir können vor unserem eigenen Leben fliehen, indem wir es nicht akzeptieren, nicht wahrnehmen, nicht erleben, was geschieht, weil wir nicht wirklich da sind. Diesen Prozess nennt man Dissoziation und er wird in Kapitel 4 beschrieben.

Kampf oder Flucht sind also beides Reaktionen, die mit einem Gefühl von Energie einhergehen, sei es Wut oder Aggression (Kampf) oder Angst (Flucht). Auch wenn diese Emotionen nicht angenehm sind, vermitteln sie doch ein gewisses Gefühl von Lebendigkeit.

Erstarren (Freeze)

"Freeze-Zustand" ist die Bezeichnung für eine Reaktion des autonomen Nervensystems (ANS) auf eine wahrgenommene Bedrohung, bei der das System in einen Zustand der Starre oder Erstarrung versetzt wird.

Der Freeze-Zustand tritt ein, wenn das ANS Mobilisierung und soziale Bindung als unzureichende oder ineffektive Reaktionen auf eine Bedrohung wahrnimmt. Das heißt, wenn das Gehirn die Situation als hoffnungslos einschätzt und das ANS entsprechend beeinflusst.

Ursprünglich bedeutete dies: Das Raubtier hat uns erwischt.

In aussichtslosen Situationen kann das Gehirn über das ANS den Körper in einen Zustand der Starre versetzen, um sich vor der Bedrohung zu schützen. In der Natur ist diese Reaktion ein letzter Ausweg.

Sie wurde evolutionär von den Reptilien entwickelt, man denke nur an die Schildkröte, die sich bei Gefahr in ihren Panzer zurückzieht. Bei den Säugetieren hat sich die Freeze-Reaktion zu einer Erstarrungsreaktion bei Gefahr entwickelt und beim Menschen gibt es den sogenannten funktionellen Freeze-Zustand, wenn man sich innerlich verzweifelt und erstarrt fühlt, aber - wenn auch eingeschränkt - funktionsfähig ist.

Freeze kann sich beim Menschen in Form von Bewegungsstarre, Bewegungseinschränkung und / oder Blockierung der Sprache und / oder der sozialen Interaktion äußern.

Freeze ist nicht mit einem Gefühl von Lebendigkeit verbunden, sondern mit einem Gefühl von Scham und Hilflosigkeit. Scham ist die Emotion, die den Freeze-Zustand begleitet. Der Grund dafür ist, dass diese Emotion die Unterwerfung fördert, was in Situationen mit einer dominanten anderen Person lebensrettend sein kann.

Während Kampf oder Flucht dazu führen, dass mehr Energie zur Verfügung steht, führt Freeze dazu, dass *weniger* Energie mobilisiert werden kann. Ein potenziell gefährliches Verhalten wird gehemmt.

Wir wollen nicht von der Person entdeckt werden, die uns Schaden zufügen könnte. Das kann natürlich körperlich sein, aber auch emotional und sozial. Wir versuchen, uns davor zu schützen, verletzt zu werden, und das Abschalten, die Freeze-Reaktion, ist eine der Methoden, mit denen wir das tun.

• • • • ● • ● • • •

Beschwichtigen (Fawn)

Die "Fawn"-Reaktion ist eine weitere der vier Hauptreaktionen des ANS auf Bedrohung und wird oft als vierte Reaktion neben "Fight" (Kampf), "Flight" (Flucht) und "Freeze" (Erstarren) angesehen. Sie ist eine Mischform zwischen den Momenten, in denen wir uns noch einigermaßen sicher fühlen, in denen also der ventrale Vagus aktiviert ist, andererseits aber nicht mehr so stark, dass wir nicht doch deutlichen Stress empfinden, in denen also auch der Sympathikus bereits aktiviert ist.

Fawn bedeutet, etwas zu geben, damit die Raubtiere einen in Ruhe lassen. Der Säbelzahntiger kommt zu mir und ich will eigentlich nicht sterben, aber er hat Hunger. Ich gebe ihm ein Eichhörnchen und hoffe, dass er es frisst und ich weglaufen kann.

Die Reaktion "Fawn" bezieht sich auf das Verhalten von Menschen, die in Stress- oder Bedrohungssituationen dazu neigen, sich anzupassen, sich unterzuordnen oder zu beschwichtigen, um die Bedrohung zu vermeiden oder abzuschwächen. Dieses Verhalten kann in Form von übertriebener Anpassung, dem Wunsch, anderen zu gefallen, sich selbst klein zu machen oder die Bedürfnisse und Wünsche anderer konstant über die eigenen zu stellen, auftreten.

Die "Fawn"-Reaktion wird als adaptive Strategie zur Bewältigung von Bedrohungen angesehen, indem versucht wird, sozialen Stress zu reduzieren oder Konflikte zu vermeiden. Sie kann jedoch auch zu Problemen führen, da sie oft ein Zeichen von Selbstverleugnung und mangelnder Selbstfürsorge ist und zu einem Ungleichgewicht in Beziehungen führt.

Das Gedächtnis

Das Gedächtnis kann in verschiedene Formen unterteilt werden, je nach Speicherdauer, Art der Information und den zugrunde liegenden Mechanismen.

Nach Dauer der Speicherung

- *Sensorisches Gedächtnis:* Ultrakurzfristige Speicherung sensorischer Informationen (Millisekunden bis Sekunden), z.B. ikonisches Gedächtnis (visuelle Reize) und echoisches Gedächtnis (auditive Reize).

- *Das Kurzzeitgedächtnis (Arbeitsgedächtnis):* Begrenzt auf Sekunden bis Minuten; verarbeitet und speichert begrenzte Informationsmengen (ca. 7 ± 2 Elemente).

- *Langzeitgedächtnis:* Speichert Informationen über Stunden, Jahre oder ein Leben lang.

Nach Art der gespeicherten Information

Das explizite Gedächtnis (deklaratives Gedächtnis) beinhaltet bewusstseinsfähige, abrufbare Erinnerungen. Es ist in zwei Hauptformen des Lernens unterteilt:

- *Episodisches Gedächtnis:* Persönliche Erfahrungen und Erlebnisse.

- *Semantisches Gedächtnis:* Faktenwissen, z.B. dass Paris die Hauptstadt Frankreichs ist.

Das episodische Gedächtnis

Es ist Teil des deklarativen Gedächtnisses (also der Teil, über den man bewusst sprechen kann), neben dem semantischen Gedächtnis, das eher Faktenwissen speichert (z.□B. "Berlin ist die Hauptstadt von Deutschland").

Das episodische Gedächtnis ist ein Teil Deines Langzeitgedächtnisses, in dem persönliche Erlebnisse und Erfahrungen gespeichert werden – also "episodenhafte" Erinnerungen, die Du selbst erlebt hast.

Du erinnerst Dich z.□B. daran:

- wie Dein letzter Geburtstag war,

- was Du beim ersten Schultag anhattest,

- oder wie es sich angefühlt hat, als Du das erste Mal am Meer warst.

• • • • ● • ● • • •

Typisch für das episodische Gedächtnis ist, dass die Erinnerungen zeitlich und räumlich eingebettet sind – Du weißt oft noch, *wann* und *wo* etwas passiert ist. Dazu gehören auch Gefühle und Sinneseindrücke, die mit dem Erlebnis verknüpft sind.

Wenn man Informationen aus dem episodischen Gedächtnis wieder aufrufen möchte, stellt man sich folgende Fragen:

- *Was?* Persönlich erlebte Ereignisse ("Erinnerungen an Episoden")

- *Beispiel:* "Ich war letzten Sommer in Italien und habe Gelato in Rom gegessen."

- *Merkmale:* Die Gedächtnisinhalte sind zeitlich und räumlich eingebettet ("wann" und "wo"). Die Erfahrung ist subjektiv, man weiß und fühlt, dass man es selbst erlebt hat. Sie ist mit Gefühlen und/oder Sinneseindrücken verbunden. In der Theorie bezieht sich das episodische Gedächtnis auf alltägliche oder besondere, aber nicht überwältigende Ereignisse. Traumatische Erinnerungen können jedoch auch im episodischen Gedächtnis gespeichert sein, werden aber an einer anderen Stelle im Gehirn abgelegt, als sogenannte banale Ereignisse. Sie werden so gepeichert, dass sie vom Gehirn nicht mehr als vergangen erkannt werden können.

• • • • • • • • • • •

Fragen, die es beantwortet:

- *Was habe ich gemacht?*

- *Wo war ich?*

- *Wie habe ich mich gefühlt?*

· · · ● · ● · ● · · ·

Am Beispiel der Maus: Man kann sich noch erinnern, wo und wann man die erste Maus seines Lebens gesehen hat und wie man sich dabei gefühlt hat. Das ist besonders wichtig, wenn die erste Begegnung mit der Maus traumatisch – oder eben überhaupt nicht traumatisch war. Das episodische Gedächtnis zu befragen ist Teil des Prozesses namens Gedächtnisrekonsolidierung. Dazu mehr in Kapitel 6.

· · · ● · ● · ● · · ·

Semantisches Gedächtnis

Das semantische Gedächtnis beantwortet Fragen nach Fakten – nach allgemeingültigen Fakten. Es geht um allgemeines Weltwissen, Fakten und Bedeutungen – unabhängig von der eigenen Erfahrung.

- *Beispiel:* "Rom ist die Hauptstadt von Italien" oder "Ein Gelato ist italienisches Speiseeis."

- *Merkmale:* Es ist Zeit- und ortsunabhängig und nicht an persönliche Erlebnisse gebunden. Es ist nicht mit intensiven Gefühlen verknüpft.

• • • ● • ● • • •

Fragen, die es beantwortet:

- *Was ist das?*

- *Wie funktioniert das?*

- *Was bedeutet das Wort?*

Am Beispiel der Maus: Mäuse gehören zur Gattung der Hausmäuse (Mus musculus) und zur Familie der Mäuseartigen (Muridae). Sie gehören zur Ordnung der Nagetiere (Rodentia).

Das implizite Gedächtnis

Das (nicht-deklaratives Gedächtnis) umfasst unbewusstes, automatisiertes Lernen und beinhaltet unbewusste Gedächtnisinhalte, die Einfluss auf das Verhalten haben.

Die am impliziten Gedächtnis beteiligten Hirnregionen sind evolutionär älter als die am deklarativen Gedächtnis beteiligte und für grundlegende Lern- und Anpassungsprozesse verantwortlich.

Das implizite Gedächtnis speichert einen Zusammenhang zwischen Zigarette und Lust, zwischen menschlicher Nähe und Gefahr, zwischen Essen und emotionaler Beruhigung, zwischen Maus und Lebensgefahr.

Und einmal verfestigte (also gespeicherte oder verfestigte) Konditionierungen, die Verknüpfung von Reiz und Reaktion, galten lange Zeit als unauslöschlich, als unlöschbar, als nicht tilgbar.

Die Lernformen des impliziten Gedächtnisses

- *Prozedurales Gedächtnis*: Fähigkeiten und Fertigkeiten (z.B. Fahrradfahren).

- *Priming*: Beeinflussung der Wahrnehmung durch vorherige Erfahrungen.

- *Konditionierung*: Assoziatives Lernen (z.B. Pawlows Hund).

Oft reicht das rationale Wissen, dass Mäuse harmlos sind, nicht aus, wenn die Angst vor ihnen konditioniert wurde. In solchen Fällen muss das Gehirn auf der Ebene des impliziten Gedächtnisses umlernen - und genau das galt lange Zeit als kaum möglich.

Zusammenfassend lässt sich sagen:

- *Explizites Gedächtnis* → bewusste Lernvorgänge (episodisches und semantisches Lernen). Gelernt wird vor allem auf der Basis von kognitiven, bewussten Erkenntnissen.

- *Implizites Gedächtnis* → unbewusste Lernvorgänge (prozedurales Lernen, Priming, Konditionierung). Gelernt wird auf der Basis von Erfahrungen, oft durch Wiederholung oder Assoziationen, teilweise mit emotionaler Beteiligung.

• • • ● • ● ● • • •

Diese Gedächtnisformen arbeiten zusammen, um Informationen effizient zu speichern, abzurufen und zu nutzen. Es zeigt sich bereits, dass das explizite und das implizite Gedächtnis auf unterschiedliche Weise lernen und verschiedene Hirnregionen daran beteiligt sind.

• • • ● • ● ● • • •

Gehirn und Gedächtnis

Hirnstamm (sog. "Reptiliengehirn")

Bezug zum Gedächtnis: Eher indirekt - spielt eine Rolle bei emotionaler Konditionierung (z.B. Angstreflexe), aber nicht bei bewussten Erinnerungen. Das Reptiliengehirn kann bei sehr intensiven emotionalen Reizen (z.□B. Monster-Maus) das *Denken und Erinnern blockieren.*

· · • ● • ● • · ·

Limbisches System (sog. "Säugetiergehirn"):

Enthält Hippocampus und Amygdala, die zentral für das Langzeitgedächtnis und emotional gefärbte Erinnerungen sind. Emotionen (Amygdala) verstärken die Erinnerung – z.□B. merkt man sich traumatische oder besonders schöne Momente besser. Der Hippocampus ist besonders wichtig für das explizite (deklarative) Gedächtnis - also Faktenwissen und persönliche Erfahrungen.

· · • ● • ● • · ·

Neokortex ("Großhirn/Delfingehirn")

Hier werden Erinnerungen bewusst verarbeitet, gespeichert und abgerufen - vor allem im präfrontalen Cortex. Dieser ist zuständig für das Arbeitsgedächtnis und komplexe Lernprozesse.

Das Zusammenspiel im Gedächtnis: Wenn man etwas erlebt, verarbeitet der Hippocampus die Informationen und überträgt sie ins Langzeitgedächtnis (oft im Schlaf). Später ruft der Neokortex die Information ab – je nach Situation bewusst oder automatisch.

· · · ● · ● · · ·

Sucht, Angst und implizites Gedächtnis

Implizite Erinnerungen spielen bei Süchten und Phobien eine wichtige Rolle. Sie sind nicht bewusst zugänglich, wirken aber emotional und körperlich stark - z.B. durch Trigger, die eine Sucht- oder Angstreaktion auslösen, obwohl die auslösende Erinnerung nicht bewusst erlebt wird. Diese impliziten Erinnerungen beeinflussen die Bewertung von Situationen und sind oft emotional tief verankert, was die Behandlung erschwert.

Bewusstes Erinnern ist nur mit Hilfe des Neokortex möglich, insbesondere in Zusammenarbeit mit dem Hippocampus. In emotional belastenden Situationen wird jedoch zuerst die Amygdala über das Ereignis informiert, so dass eine schnelle, automatische Reaktion erfolgen kann - noch bevor der Neokortex eine bewusste Bewertung vornehmen kann. Diese schnelle Reaktion dient dem Überleben, kann aber bei Menschen mit Angststörungen oder Suchtverhalten dazu führen, dass emotionale Reize unbewusst intensive Reaktionen auslösen.

Und diese erste Einschätzung stammt aus einem Netzwerk, das ich in Kapitel 5 noch genauer beschreiben werde – dem sogenannten Salienz-Netzwerk (SN). Der Hirnstamm liefert von "unten nach oben" entscheidende Signale in dieses Netzwerk.

Der Hirnstamm spielt eine zentrale Rolle bei der schnellen, automatischen Bewertung sensorischer Reize – etwa beim unerwarteten Anblick einer Maus. Obwohl er nicht direkt an komplexen Gedächtnisprozessen wie dem bewussten Erinnern beteiligt ist, arbeitet er eng mit anderen Hirnarealen zusammen.

So trägt er dazu bei, auf emotional geladene, unbewusst gespeicherte Reiz-Reaktionsmuster zuzugreifen und blitzschnelle Reaktionen zu ermöglichen. Dabei leistet der Hirnstamm eine schnelle, *aber grobe Reizbewertung* – noch bevor uns die Situation bewusst wird.

Der Ablauf ist: Sinnesreize (z.B. ein plötzliches Geräusch) gelangen über die Sinnesorgane in den Hirnstamm. Noch bevor man sich des Reizes bewusst wird, führt der Hirnstamm zusammen mit der Amygdala eine erste Gefahreneinschätzung durch.

Diese Einschätzung beruht auf:

- Früheren Erfahrungen, die emotional besetzt waren (z.B. Angst, Schmerz)

- Konditionierten Reaktionen, wie bei Phobien.

Um mit Hilfe von Gedächtnisrekonsolidierung tatsächlich heilen zu können, muss man an die impliziten Gedächtnisinhalte herankommen – und zwar an die richtigen, also die emotional wirksamen Kerninhalte, die unbewusst Reaktionen steuern.

Genau hier liegt die Herausforderung: Diese Gedächtnisspuren sind nicht über Sprache zugänglich. Alles, was der Neokortex kann – wie Verstehen, Analysieren, Reden oder rationale Einsicht – reicht nicht aus. Denn dieser Teil des Gehirns lernt nicht durch Erklärungen, sondern durch Erfahrung.

Der "Ort", an dem Sucht, Angst oder andere tief verankerte Reaktionsmuster entstehen, ist ein anderer als jener, an dem Einsicht passiert.

Deshalb kommt es nicht auf intellektuelles Verstehen an, sondern auf das gezielte Wiederfinden dieser impliziten Spuren – meist durch Trigger, Körperreaktionen oder emotionale Resonanz – und dann auf ihre gezielte Veränderung innerhalb eines neuen, sicheren Kontexts.

Wiederholung ist das Zauberwort

Eine letzte Bemerkung zur Art und Weise, wie die verschiedenen Netzwerke oder Strukturen des Gehirns lernen. Wir sind es gewohnt, alles beim ersten Mal richtig machen zu wollen oder unsere Bedürfnisse sofort befriedigt zu bekommen. Wir scrollen sofort weiter, wenn uns ein Video nach den ersten Sekunden nicht gefällt, und hoffen, dass Psychotherapie genauso funktioniert. Tut sie aber nicht.

Unser Neokortex, der für das deklarative Gedächtnis zuständig ist, lernt durch Anschauung. Er muss viele Dinge nur einmal verstehen. Der Hirnstamm, um den es hier geht, lernt durch Wiederholung. Und es ist der Hirnstamm, der hier lernen soll, nicht der Neokortex.

Im Falle eines Konfliktes gewinnt IMMER der Hirnstamm.

Hirnstamm

- Keine Sprache
- Konditionierung (simple Lösungen)
- Sofortige Beendigung einer Stressreaktion
- Keine Einsicht für zukünftige Schäden
- Wiederholung
- Gewohnheiten

Neokortex

- Sprache
- Einsicht
- Langfristige Zusammenhänge
- Einsicht in künftige Zusammenhänge
- Braucht Neues, langweilt sich bei Wiederholungen
- Kann neue Gewohnheiten initiieren!

Abbildung 16: Die Lernformen von "Hirnstamm" und "Neokortex". Dies ist natürlich eine Vereinfachung, soll aber die Gegensätze auf den Punkt bringen.

Das implizite Gedächtnis, das hier erreicht werden soll, braucht Wiederholungen. Marisa Peer, eine bekannte Hypnosetherapeutin, wurde mit der Behauptung berühmt, ihre Hypnosen hätten viele Klienten in nur einer Stunde geheilt. Sie hatte tatsächlich sehr gute Erfolge, die sie berühmt machten.

Aber, Peer hatte Klienten, die über Smartphones mit Aufnahmefunktion verfügten, als dies noch nicht selbstverständlich war. So zeichnete sie ihre Hypnosen in der Stunde, in der sie mit den Klienten arbeitete, mit deren Smartphones auf und ließ sie diese Trancen - ungeschnitten und wie gesprochen - 21 Tage lang wiederholen.

Das war der Clou: Die Wiederholung über 21 Tage.

· · · · ● · ● · · ·

1. Man spricht auch von Phylogenese und Ontogenese. Definition: **Die Ontogenese** beschreibt die Entwicklung eines einzelnen Organismus von der Befruchtung der Eizelle bis zum Tod. Beispiel: Die Entwicklung des Menschen von der Zygote über den Embryo, die Kindheit, die Jugend bis zum Erwachsenenalter. **Phylogenese** ist die evolutionäre Entwicklung einer Art oder einer Gruppe von Organismen über viele Generationen. Beispiel: Wie sich aus frühen Primaten der heutige Mensch entwickelt hat.

2. Der präfrontale Kortex ist ein Teilbereich des Neokortex, nämlich der vordere Teil des Frontallappens.

GEFÜHLE UND EMOTIONEN

G edächtnisrekonsolidierung ist ein Prozess, der belastende Gefühle beherrschbar machen soll. Im therapeutischen Prozess werden Erinnerungen deshalb erst aufgerufen und dann so verändert rekonsolidiert, dass sie weniger belastende Gefühle auslösen. Es geht um Angstzustände, Panikattacken, Wutanfälle und überwältigende Trauer.

Für die Anwendung der Gedächtnisrekonsolidierung ist daher ein Verständnis der Emotionen, mit denen man umgehen wird, entscheidend. Es ist sehr wichtig, was der Anwender selbst über Gefühle und Emotionen denkt, und deshalb möchte ich hier den entscheidenden Unterschied zwischen Emotionen erster Ordnung und Emotionen zweiter Ordnung vorstellen.

• • • ● ●• ● • • •

Viele Coaching- und Therapieansätze gehen davon aus, dass *nur* Gedanken Emotionen erzeugen - und dass man durch die Veränderung von Gedanken emotionale Zustände und damit auch Verhalten beeinflussen kann.

Dieser Ansatz ist populär, weil er so einflussreich zu sein scheint. Ganze Karrieren wurden auf dieser Behauptung aufgebaut. So behauptet z.B. die Hypnosetherapeutin Marisa Peer in ihren Hypnosen häufig, dass *alle* Emotionen *die Folge* von Gedanken seien. In diesem Modell verursachen Gedanken Emotionen.

Man muss also zuerst den Gedanken ändern, der eine unerwünschte Emotion hervorruft, dann kann man auch die Emotion ändern und damit das unerwünschte Verhalten, das auf dieser Emotion beruht.

In diesem Fall: Du denkst, dass Mäuse gefährlich sind und wenn Du diesen Gedanken änderst, erscheinen sie Dir plötzlich als süße Tierchen. Alles beginnt mit dem negativen Gedanken, den Du Dir erst bewusst machen und dann ebenso bewusst ändern kannst.

Das ist teilweise richtig, aber in dieser Absolutheit falsch.

Allerdings hat dieser Ansatz etwas Verführerisches, denn Gedanken lassen sich in der Tat leicht ändern, sie sind oft bewusstseinsfähig.

Emotionen, die auf Gedanken beruhen, sind daher auch leicht veränderbar. Da diese auf Gedanken basierenden Emotionen sehr quälend und belastend sein können, sowohl für sich selbst als auch für andere, kann man mit diesem Ansatz auch Erfolge erzielen, die die Betroffenen sehr entlasten können. Dieser Typus Emotion wird vom DMN, dem Default Mode Network erzeugt. Dazu mehr in Kapitel 5.

Es gibt aber auch Gefühle, die NICHT auf Gedanken beruhen, nicht auf innerlich erzählten Geschichten, sondern die Signale für aktuelle Bedürfnisse sind. Und diese Gefühle basieren vor allem auf dem Salience-Network (SN) und dessen Einschätzung der Gesamtsituation.

Nehmen wir das Beispiel der Maus: Bevor Du überhaupt negativ über die Maus denken kannst, hat Dein System aufgrund bestimmter Erinnerungen längst entschieden, dass die Situation gefährlich ist und eine Stressreaktion ausgelöst. Die Tatsache, dass Du negativ über die Maus denkst, ist auf diese Gesamteinschätzung zurückzuführen. Der innere Dialog basiert auf dieser Einschätzung und den dadurch ausgelösten Emotionen.

Diese Gefühle, die auch belastend sein können, müssen reguliert werden, sie können nicht einfach "weggedacht" werden. Kinder müssen diese Regulation in der Interaktion mit einem Erwachsenen lernen, und das geschieht oft nicht ausreichend, so dass der Mensch diesen Gefühlen ausgeliefert bleibt.

Sehr oft wurden diese Gefühle in der Kindheit nicht nur nicht reguliert, sondern zusammen mit den entsprechenden Bedürfnissen verboten und unterdrückt.

Diese Emotionen zu verändern (sie erst einmal zu finden und freizulegen) ist viel schwieriger als die Arbeit mit den Emotionen 2.

Ordnung. Denn diese Emotionen müssen physisch erst ausgehalten und dann verarbeitet werden. Das kann man lernen, das muss man vielleicht lernen, das kann man ein Leben lang lernen, aber es ist anstrengender als die Idee, ein Gefühl einfach wegzudenken.

Es gibt also Emotionen, *die nicht aus Gedanken entstehen,* diese werden primäre Emotionen genannt. Auf dem Therapiemarkt werden sie oft als das "innere Kind", die authentischen Emotionen, die wahren Emotionen, die Emotion "dahinter" usw. bezeichnet. Diese Emotionen entstammen dem Salience-Network(SN) *und sind nicht durch Gedanken einfach so veränderbar.*

Es gibt aber auch sogenannte sekundäre Emotionen, die aus den Geschichten entstehen, die wir uns erzählen, und diese Emotionen können tatsächlich durch neue und gesündere Gedanken verändert werden.

Primäre und sekundäre Emotionen (oder Gefühle 1. und 2. Ordnung) sind zwei verschiedene Arten von emotionalen Reaktionen, die wir in unserem Leben erleben können. Um den Unterschied zwischen ihnen zu verstehen, ist es wichtig zu wissen, wie sie entstehen und welche Rolle sie in unserer emotionalen Verarbeitung spielen.

Leider herrscht - sowohl unter Fachbuchautoren als auch unter Neurowissenschaftlern - eine babylonische Sprachverwirrung über die Verwendung dieser Begriffe. Manche Autoren sprechen von Emotionen erster und zweiter Ordnung, andere von primären und sekundären Emotionen. Ich verwende die verschiedenen Begriffe je nach Kontext, werde aber deutlich machen, was gemeint ist.

Von nun an werde ich primäre Emotionen meistens als "Gefühle" und sekundäre Emotionen als "Emotionen" benennen. Aber manchmal werde ich auch ganz allgemein von "Emotionen" sprechen, um zu beschreiben, was wir fühlen. Ich werde jedoch immer deutlich machen, welchen Typus von Emotionen ich meine.

• • • • ● • ● • • •

Primäre und sekundäre Emotionen

Die Neurowissenschaftlerin Candace Pert[1] hat gezeigt, dass sich Emotionen nicht nur im Kopf abspielen, sondern als biochemische Signale im ganzen Körper wirksam werden. Wir erleben Emotionen - ob primär oder sekundär - immer auch körperlich, als Spannung - oft unbemerkt. Als heiß, kalt, ziehend, Enge, Wärme, usw.

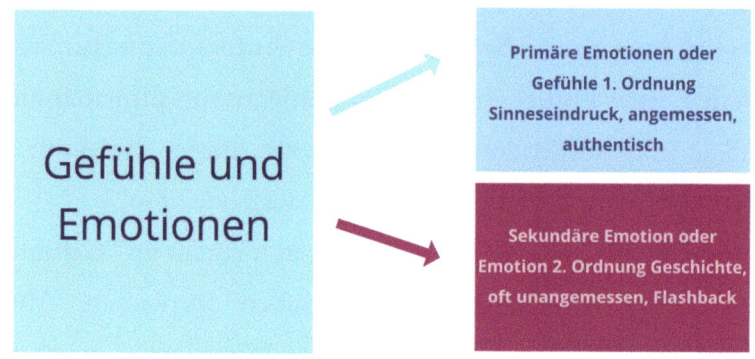

Abbildung 17: Primäre und sekundäre Emotionen.

Primäre Emotionen sind angeboren, universell und entstehen schnell und automatisch als direkte Reaktion auf bestimmte Reize. Sie helfen uns, schnell auf wichtige Ereignisse in unserer Umwelt zu reagieren, wie z.B. Gefahr, Freude oder Verlust.

Ausgelöst werden sie bei der Bottom-up-Verarbeitung von Reizen auf der Basis vergangener Erfahrungen. Sie sind schnell, roh und körperlich - sie laufen weitgehend unbewusst ab und basieren auf evolutionären Reaktionsmustern.

- *Beispiele:* Angst, Wut, Trauer, Freude, Ekel, Überraschung

- *Funktion:* Schutz, Überleben, schnelle Handlungsbereitschaft (z.B. Flucht bei Gefahr, Angriff bei Bedrohung). *Diese primären Emotionen stellen die Auslöser der vier Stressreaktionen dar.*

· · · · ● · ● · · ·

Primäre Emotionen können in ihrer Intensität verändert werden, aber nicht grundsätzlich "abgeschaltet". Sie sind Teil unseres Lebens und niemand kann sie wegmachen, nicht einmal der genialste Therapeut oder Coach.

Das bedeutet, dass man lernen muss, die damit verbundenen unangenehmen körperlichen Empfindungen auszuhalten, was für den Verkauf entsprechender Programme nicht gerade eine gute Botschaft ist. Es ist aber das Einzige, was uns allen, Klienten wie Therapeuten, langfristig hilft und zu dem führt, was man emotionale Reife nennt.

· · · · ● · ● · · ·

Sekundäre Emotionen entwickeln sich später im Leben, sind kulturell und sozial geprägt und setzen oft eine gewisse Selbstreflexion oder soziale Bewertung voraus. Sie entstehen oft aus einer Mischung von primären Emotionen und sind stark kontext- und erfahrungsabhängig.

- *Beispiele:* Schuld, Scham, Stolz, Eifersucht, Verlegenheit.

- *Funktion:* Regulieren Dein soziales Verhalten, stärken zwischenmenschliche Beziehungen, fördern Selbstbild und soziale Anpassung.

· · · ● · ● ● · · ·

Sekundäre Emotionen entstehen aus inneren Geschichten, Erinnerungen und Bewertungen. Nur diese sekundären Emotionen sind durch Top-down-Regulation (Gedankenänderung) zugänglich, d.h. durch bewusste Einsicht, kognitive Techniken oder Reflexion veränderbar. Sie sind oft mit Glaubenssätzen verbunden, die wir uns in der Kindheit selbst erzählt und/oder von Erwachsenen gehört und übernommen haben.

· · · ● · ● ● · · ·

Primäre Emotionen

Primäre Emotionen haben sich im Laufe der Evolution entwickelt, um schnelle Entscheidungen und Reaktionen auf lebenswichtige Reize zu ermöglichen. Sie sind die Antwort unseres Gehirns auf Gefahren, Bedürfnisse und Umweltveränderungen. Ihre Funktion ist entscheidend, um in Gefahrensituationen schnell zu handeln und das Überleben zu sichern.

Daher ist auch keine einzige dieser Emotionen "negativ" und daher kann auch keine einzige dieser Emotionen abgeschaltet werden.

- *Angst hilft uns,* Gefahr zu erkennen und uns zu schützen.

- *Wut treibt uns an,* uns gegen Bedrohungen zu wehren.

- *Freude bestätigt uns,* dass unsere Bedürfnisse befriedigt wurden (z.□B. Nahrung, soziale Bindung).

- *Ekel schützt uns* vor schädlichen Substanzen.

- *Überraschung stellt sicher,* dass wir auf unerwartete Ereignisse aufmerksam werden.

Jede primäre Emotion signalisiert uns ein unmittelbares Bedürfnis:

- *Angst signalisiert* das Bedürfnis nach Sicherheit.

- *Wut signalisiert* das Bedürfnis nach Selbstschutz oder Veränderung.

- *Ekel signalisiert* das Bedürfnis nach Schutz vor Gift oder Krankheit.

- *Freude spricht* das Bedürfnis nach Belohnung oder Befriedigung an.

· · · ● · ● · · ·

Primäre Emotionen wurden unter anderems sehr ausführlich von dem Neurowissenschaftler Jaak Panksepp[2] beschrieben. Panksepp hat sieben so genannte basale emotionale Systeme identifiziert, die tief im limbischen System des Gehirns verankert sind. Diese basalen emotionalen Netzwerke sind bei allen Säugetieren nachweisbar und steuern instinktives Verhalten und emotionale Reaktionen.

Das erste System ist das SEEKING - ein Antriebssystem, das Neugier, Motivation und das zielgerichtete Erkunden der Umwelt fördert. Es lässt uns nach Nahrung, Wissen oder neuen Erfahrungen suchen und verleiht dem Leben eine Art inneren Antrieb.

RAGE steht für Wut oder Zorn und hilft uns, Bedrohungen oder Frustrationen abzuwehren - eine überlebenswichtige Reaktion, wenn etwas unsere Bedürfnisse blockiert.

Das System ANGST warnt uns vor Gefahren, löst Flucht- oder Schutzverhalten aus und dient dazu, lebensbedrohliche Situationen zu vermeiden.

LUST umfasst sexuelle Anziehung und Paarungsverhalten - es sichert die Fortpflanzung und bindet Lebewesen aneinander.

CARE beschreibt das Fürsorgeverhalten vor allem zwischen Eltern und Kindern und ermöglicht Bindung, Nähe und Schutz.

Ein weiteres System ist PANIC/GRIEF, das Trennungsangst und Kummer verarbeitet - es sorgt dafür, dass wir soziale Nähe suchen und auf den Verlust von Bindungspartnern reagieren, was soziale Bindungen stärkt.

Schließlich gibt es PLAY, das das Spielverhalten fördert - es unterstützt das Lernen, die soziale Entwicklung und die emotionale Flexibilität, vor allem in der Kindheit.

Die subkortikalen Areale, in denen die primären Emotionen entstehen, liegen unterhalb des Neokortex und zum Teil im limbischen System (z.B. Amygdala, Hypothalamus, periaquäduktales Grau), aber auch im Zwischenhirn und im Bereich des Hirnstamms.

Panksepp spricht oft von "affektiven Kernen" tief im Gehirn, unterhalb der bewussten Verarbeitung.

• • • • ● •● ● •● • •

Diese sieben Systeme bilden die emotionale Grundlage unseres Erlebens und Handelns und haben einen tiefgreifenden Einfluss darauf, wie wir die Welt erfahren und mit ihr in Beziehung treten. Primäre Emotionen sind daher, ich möchte dies noch einmal betonen, nicht "verhandelbar" oder "erklärbar".

Sie sind biologisch tief verwurzelt und basieren auf Neurotransmittern und Hormonreaktionen, die in unserem Körper ablaufen. Sie können nicht einfach durch bewusste Gedanken oder Verhaltensänderungen ausgeschaltet werden. Dies unterscheidet sie von sekundären Emotionen (wie Scham oder Schuld), die mit kognitiven Bewertungen und Überzeugungen über uns selbst und die Welt zusammenhängen.

• • • ●• • ● • • • •

Gefühle 1. Ordnung, primäre Emotionen, sind eine Form der Körperintelligenz. Was sie brauchen, ist unser Bewusstsein und unser Vertrauen. Sie sind automatische, hochwirksame Mittel, um aus Erfahrungen zu lernen und angemessen auf Situationen zu reagieren. Sie machen uns das bewusst, was unser Gehirn jetzt dieser Situation für wichtig hält.

Gefühle sind körperliche Empfindungen. Sie sind, wie schon erwähnt, körperlich wahrnehmbar und entstehen durch neurochemische Prozesse, die uns helfen zu überleben, uns zu schützen und unsere Bedürfnisse zu erkennen.

Das ist es, was wir wirklich fühlen können: Sinneseindrücke. Sie sind exterozeptiv oder propriorezeptiv[3]. Von außen oder von innen kommend. Wir können fühlen, wenn wir unsere Aufmerksamkeit darauf richten, was in uns vor sich geht und fühlen, was von außen Kontakt mit unserer Haut aufnimmt.

Aber mehr als körperliche Empfindungen können wir nicht fühlen. Erst wenn wir eine solche Erfahrung *interpretieren,* wird sie zu einer Emotion.

Wir fühlen keine Emotionen. Wir empfinden keine Emotionen. Angst, Wut, Trauer sind kognitive Konzepte, die wir nicht fühlen können.

Wir empfinden Empfindungen. Im Körper. Wir empfinden sensorische Empfindungen auf der Haut, wie heiß, kalt usw. Wir empfinden sensorische Empfindungen in unserem Körper. Diese sensorischen Empfindungen basieren auf den von Pert gefundenen Molekülen, die im Gehirn hergestellt und in den Körper geschickt werden.

• • • ● • ● • • •

Emotionen sind Signale

Sowohl primäre als auch sekundäre Emotionen sind beides *Signale*. Sie liefern uns blitzschnell wichtige Informationen, die uns helfen, zu überleben und durchs Leben zu navigieren. Und das, ohne dass wir dafür ein kognitives Konzept brauchen.

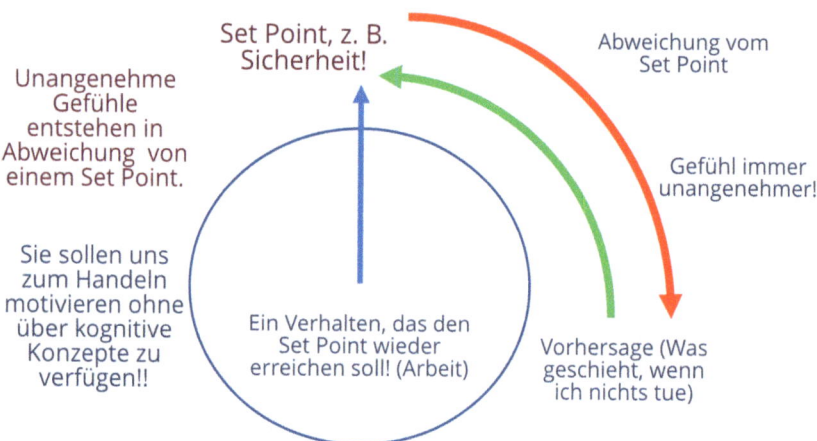

Abbildung 18: Warum wir auch die "negativen" Emotionen brauchen.

• • • • ● • ● • • •

Beispielsweise ist die Angst vor Schlangenbewegungen tief im Gehirn (insbesondere in der Amygdala) verankert - eine evolutionäre Schutzreaktion, die das Überleben in gefährlichen Umgebungen ermöglichte.

Diese Angst ist also vorbewusst und emotional, nicht kognitiv-rational. Kinder reagieren daher auf den Anblick einer Schlange instinktiv und emotional richtig (z.□B. fliehen oder vorsichtig sein), ohne das Konzept "Schlange = Gefahr" kognitiv zu verstehen.

• • • • ● • ● • • •

Ihrer Aufgabe entsprechend haben alle Emotionen, primäre wie auch sekundäre, eine Handlungstendenz - sie bereiten unseren Körper auf eine bestimmte Reaktion vor. Sie haben also eine unverwechselbare physiologische Signatur.

Ich vergleiche das gerne mit Durst: Wenn wir durstig sind, signalisiert uns der Körper mit einem trockenen Mund, dass wir Flüssigkeit brauchen. Ähnlich funktioniert es mit Gefühlen.

Wenn wir zum Beispiel wütend oder angespannt sind, kann das auf ein altes Überlebensmuster zurückgehen - etwa das Bedürfnis, Nahrung zu verteidigen. Wenn wir hingegen traurig sind, fühlen wir oft eine Schwere, eine Langsamkeit. Die natürliche Reaktion ist vielleicht, Trost bei anderen zu suchen.

Wichtig ist: ALLE Emotionen und Gefühle gehören zu einem gesunden inneren System. Sie sind Signale, die uns zeigen, was wir brauchen, um unser Leben besser zu meistern.

Sekundäre Emotionen

Sekundäre Emotionen entstehen nicht einfach aus dem Nichts. Sie sind das Ergebnis eines komplexen inneren Prozesses - der Interpretation eines bereits eingeschätzten Sinnesreizes (eines Ereignisses).

Sie entstehen auf der Grundlage von Gedanken, Bewertungen oder inneren Konflikten, die eine erste, authentische (primäre) Emotion begleiten oder überlagern. Eine Angstreaktion z.B. kann spontan und körperlich sein - aber Scham, Wut oder Schuldgefühle, die ihr folgen, werden oft durch Interpretation geformt.

Solche sekundären Emotionen aktivieren - wie die primären - bestimmte physiologische Reaktionen im Körper, wie z.B. die Aktivität des Sympathikus (z.B. erhöhter Puls, Anspannung, Flucht- oder Kampfmodus). Sie werden ebenso wie primäre Emotionen im Körper *als körperliche Empfindungen erlebt.*

Der entscheidende Unterschied ist jedoch, dass sie nicht auf einem unmittelbaren Reiz beruhen, sondern auf einer inneren Geschichte, die wir über das Erlebte erzählen. Sie sind Reaktionen auf Emotionen erster Ordnung (primäre Emotionen).

Abbildung 19: Das Ereignis kommt aus der Gegenwart und der Realität, die Interpretation aus der Vergangenheit.

• • • ● • ● • • •

Die amerikanische Neurowissenschaftlerin Lisa Feldman Barrett[4], eine der wichtigsten Forscherinnen auf diesem Gebiet, hat mit ihrer Theorie der konstruierten Emotionen eine neue Sichtweise auf dieses Phänomen etabliert.

Ihr zentrales Argument: Was wir "Emotionen" nennen, sind keine festen biologischen Programme. Sie werden vom Gehirn "konstruiert". Das heißt, unser Gehirn interpretiert unsere körperlichen Empfindungen und versieht sie mit einem Etikett - wie zum Beispiel "Angst". "Angst" ist ein Konzept. Das gleiche körperliche Gefühl, das man auf einer Achterbahn erlebt, könnte als Vergnügen interpretiert werden.

Das bedeutet, das Gehirn bezieht bei der Interpretation einer körperlichen Empfindung durch ein bestimmtes Konzept wie "Angst" oder "Lust" den Kontext mit ein. Die Vergabe des Konzeptes basiert auf früheren Erfahrungen, dem aktuellen körperlichen Zustand, sozialen Kontexten und kulturellem Wissen. So macht das Gehirn Vorhersagen darüber, wie wir auf das, was gerade passiert, reagieren sollten.

Emotion 2. Ordnung, die sekundäre Emotion, ist also das Ergebnis einer Bedeutungskonstruktion.

• • • • • • • • • • •

Wenn Wut Traurigkeit verdeckt

Ein typisches Beispiel für sekundäre Emotionen zeigt sich, wenn eine Person eigentlich traurig ist - aber statt Traurigkeit Wut empfindet. Traurigkeit wäre eine primäre Emotion, ein Gefühl 1. Ordnung, das ein unerfülltes Bedürfnis anzeigt - zum Beispiel nach Nähe, Trost oder Bindung.

Wenn jemand aber in der Vergangenheit gelernt hat, dass es gefährlich ist, sich verletzlich zu zeigen - etwa weil Traurigkeit nicht ernst genommen oder sogar bestraft wurde - dann schaltet sich das Default Mode Network (DMN) ein.

Es erzeugt eine Vorhersage: "Wenn Du Deine Traurigkeit zeigst, wirst Du zurückgewiesen. Du wirst verletzt. Also tu es nicht!"

Stattdessen wird eine sekundäre Emotion konstruiert: Wut. Diese Wut ist mit einem bestimmten inneren Dialog verbunden, mit einer Geschichte. Die wollen mich nur ausnutzen. Die halten mich für schwach. Denen werde ich es zeigen.

Wut schützt. Sie aktiviert das Kampfverhalten im Nervensystem (Sympathikus) und lenkt von der ursprünglichen Verletzlichkeit ab.

Das ist problematisch: Wie noch genauer dargestellt werden wird, *alle* Emotionen haben eine Handlungstendenz.

- *Traurigkeit* würde den Impuls wecken, sich jemandem zu öffnen, Nähe zu suchen.

- *Wut* dagegen führt zur Abgrenzung, zum Angriff, zum Rückzug.

Das heißt: Die ursprünglichen Bedürfnisse bleiben unerfüllt, weil das Verhalten von einer sekundären Reaktion gesteuert wird, *die nicht zum eigentlichen Bedürfnis passt.*

Sekundäre Emotionen entstehen also oft als Reaktion auf Bewertungen, *die wir über unsere primären Emotionen treffen -* basierend auf früheren Erfahrungen.

Langfristig kann man "lernen", diese Emotionen 2. Ordnung als seine "wahren" Gefühle anzusehen und gar nicht mehr nach den primären Emotionen zu fragen. Ich bin eben wütend. Dies kann dazu führen, dass wir den Kontakt zu unseren wahren Gefühlen verlieren und stattdessen automatisierte Schutzmechanismen aktivieren, die uns im Moment "sicher" erscheinen, aber den Umgang mit uns selbst und anderen erschweren.

· · · · ● · ● · · · ·

Gefühle und Emotionen – das Zusammenwirken

Emotionen – also das, was man auch als "Gefühle zweiter Ordnung" bezeichnen kann – entstehen durch die Bewertung der durch ein Ereignis ausgelösten primären Emotion.

Diese primären Emotionen lösen im Körper ganz konkrete Empfindungen aus: Herzrasen, Enge in der Brust, Hitze, Kälte, Zittern.

Der Körper meldet diese Empfindungen an das Gehirn zurück - und daraus wird eine Geschichte konstruiert: "Ich bin nicht sicher. Ich werde angegriffen. Ich werde nicht verstanden".

Je negativer die Geschichte, desto intensiver die Emotion – desto spürbarer die körperliche Reaktion. Ein Kreislauf entsteht, der sich in Bruchteilen von Sekunden immer weiter selbst verstärkt.

Wie Gefühle aufeinander wirken:		
Gefühl	Positives Gefühl (1. Ordnung)	Negatives Gefühl (1. Ordnung)
Akzeptanz (2. Ordnung)	steigert	vermindert
Ablehnung (2. Ordnung)	vermindert	steigert

Abbildung 20: Wie Gefühle und Emotionen wechselwirken.

• • • • • • • • •

Die Art und Weise, wie wir Emotionen 1. Ordnung interpretieren, hängt davon ab, wie diese primären Signale unserer Bedürfnisse in der Vergangenheit behandelt wurden. Wenn Traurigkeit lächerlich gemacht wurde und der Wunsch nach Autonomie, einschließlich des Gefühls der Wut, systematisch unterdrückt und weggeredet wurde, können wir, wie dargestellt, unser ganzes Leben lang Emotionen 2. Ordnung fühlen, wo wir Emotionen 1. Ordnung fühlen müssten, um voranzukommen.

Entscheidend dabei ist: Der Reiz kommt aus der Gegenwart. Die Bedeutung geben wir ihm aus der Vergangenheit.

Hier kommt das ins Spiel, was Sigmund Freud das "Über-Ich" nannte, die Transaktionsanalyse das "Eltern-Ich" und was heute umgangssprachlich als "innerer Kritiker" bezeichnet wird. Es sind "Aufzeichnungen", verinnerlichte Botschaften, die uns sagen, wie wir eine Emotion erster Ordnung zu interpretieren haben, um die Zugehörigkeit zur Bezugsperson bzw. zur Familie weiterhin zu sichern.

Wenn Männer nicht weinen und Frauen immer höflich, also nie wütend sind, dann ist das die Art und Weise, wie später auf primäre Emotionen wie Trauer und Wut reagiert wird. Frauen spüren ihre Wut nicht und Männer ihre Trauer nicht, Frauen werden depressiv und Männer "wollen nicht darüber reden" und im schlimmsten Fall werden sie gewalttätig. Schon deshalb ist die Einteilung in gute und schlechte

Emotionen desaströs. Die Frage ist, für wen ist eine Emotion gut und für wen ist sie schlecht.

Durch Interpretationen aus unserer Geschichte, vor allem eingespielt durch das Über-Ich, aber auch durch das verletzte innere Kind, entstehen Emotionen, die unser Handeln steuern, oft ohne dass wir uns der ursprünglichen Dynamik bewusst sind.

Gefühle - Geschichte - Emotionen

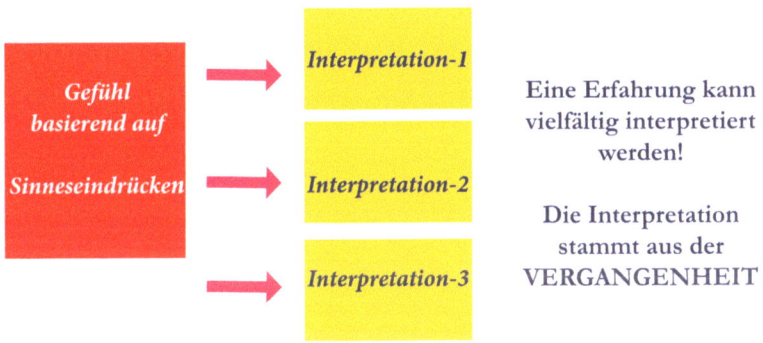

Abbildung 21: Ein Ereignis kann sehr verschieden interpretiert werden - je nach Vorgeschichte.

• • • • ● • ● • • •

Ein Beispiel: Mein Partner weiß im Moment nicht, wann ich Geburtstag habe. Das ist eine Tatsache der Gegenwart. Die primäre Reaktion auf diese Erfahrung ist Scham und Traurigkeit.

Aber was dann in uns passiert, ist keine neutrale Reaktion. Es entsteht eine innere Geschichte - vielleicht so: "Er interessiert sich nicht für mich. Ich bin ihm nicht wichtig. Vielleicht liebt er mich nicht." Das ist *die Interpretation* einer Emotion 1. Ordnung aus der verzweifelten Perspektive des Kindes.

Eine Interpretation aus dem Über-Ich heraus wäre: Ich darf ihn bestrafen, wenn er mich nicht liebt. Ich bin wütend! Ich bin im Recht!

Die Folge: Ärger entsteht, begleitet von einer körperlichen Stressreaktion - Herzrasen, Anspannung, Enge im Brustkorb. Der Körper schaltet in den Kampfmodus, der Sympathikus übernimmt - und das Verhalten kippt: Statt Dialog folgen Vorwürfe. Angriff statt Verbindung.

Die Emotion 1. Ordnung wäre hier Trauer. Sie würde ein Bedürfnis nach Nähe signalisieren. Die Emotion 2. Ordnung wäre Rache und Strafe, also Ablehnung. Dies entspricht in der Regel nicht den Bedürfnissen, die die Emotion 1. Ordnung signalisiert hätte.

Fakten und Interpretationen

Ein grundlegender Unterschied im menschlichen Erleben liegt zwischen Fakten und Interpretationen. Ein Fakt ist objektiv und unabhängig von unserem Denken – etwa: *"Es regnet"* oder *"Die Ampel ist rot"*. Solche Aussagen können wahr oder falsch sein, je nachdem, ob sie mit der Realität übereinstimmen. Wichtig: Fakten sind nicht veränderbar, sie *sind* einfach.

Ganz anders verhält es sich mit Interpretationen. Sie entstehen im Kopf – als Deutung eines Erlebnisses, einer Beobachtung oder eines Gefühls. Die Aussage: *"Der Regen ruiniert meinen Tag"* ist kein Fakt, sondern eine bewertende Interpretation, also eine subjektive Schlussfolgerung. Interpretationen können zutreffend oder unzutreffend sein, aber sie sind nicht objektiv "wahr" – und genau das macht sie veränderbar.

Diese inneren Deutungen – oft tief verwurzelt in Kindheitserfahrungen – bestimmen, wie dargelegt, wesentlich die sekundären Emotionen, die wir in bestimmten Situationen empfinden. Wenn wir beispielsweise gelernt haben, dass Zurückweisung bedeutet: *"Ich bin nicht liebenswert"*, dann wird diese alte Überzeugung auch im Erwachsenenalter noch aktiv – etwa wenn jemand nicht zurückruft oder vergisst, wann wir Geburtstag haben. Die Reaktion entspricht dann nicht der Realität, sondern der Interpretation – einer inneren Geschichte aus der Vergangenheit.

Das Problem: Solche inneren Geschichten wirken wie Filter, die neue Erfahrungen verzerren oder gar nicht mehr zulassen. So kann es sein, dass eine Schlussfolgerung, die ein Kind im Alter von vier Jahren gezogen hat (*"Ich bin unwichtig"*), noch im Leben einer sechzigjährigen Frau unreflektiert handlungswirksam bleibt.

So kann eine tief verwurzelte, aber nicht überprüfte Interpretation aus der Vergangenheit die Emotion 2. Ordnung auslösen und so die aktuelle, eigentlich harmlose Situation so aufladen, dass sie eine gesunde Partnerschaft beschädigt - oder sogar zerstört.

Es ist möglich zu lernen, dem eigenen inneren Dialog zuzuhören und so die Deutungsmuster für unsere Erfahrungen zu finden. Der Schlüssel dafür ist bewusste Achtsamkeit.

Im Rahmen des Verfahrens der Gedächtnisrekonsolidierung kann es wichtig sein, mit Erinnerungen zu arbeiten, mit Emotionen 2. Ordnung, wie beispielsweise "das Recht auf Strafe, wenn er mich nicht liebt".

Ich habe diesen Prozess mit einer Frau durchgeführt und die Emotion 1. Ordnung war eine tiefe Scham, als Kind verstoßen worden zu sein. Hier kann es notwendig sein, den gleichen

Prozess mit verschiedenen, aufeinander aufbauenden Erinnerungen zu wiederholen.

• • • ● • ● • ● • • •

Flashbacks und intensive Emotionen

Bei sehr intensiven Emotionen – sei es Angst, Scham, Wut oder Trauer – geschieht häufig Folgendes:

- *Der präfrontale Kortex* (zuständig für rationale Bewertung und Regulation) wird gehemmt. Das bedeutet: Denken, Abwägen, sprachlicher Ausdruck und Selbstberuhigung sind massiv eingeschränkt. Die üblichen Strategien der "Top-down-Regulation" (vom Denken zur Emotion) versagen.

- *Die Amygdala* übernimmt die Kontrolle. Sie interpretiert alles durch die Brille von Gefahr oder Schmerz. Die Welt erscheint bedrohlich – auch wenn objektiv vielleicht keine reale Gefahr besteht.

• • • ● • ● • • •

- *Bei wiederholten oder traumatischen Erfahrungen wird die Information nicht richtig integriert,* sondern in sogenannten impliziten Gedächtnisspuren abgelegt – körperlich, emotional, unbewusst.

Das erklärt auch, warum rationale Erklärungen, Gespräche oder Selbstgespräche ("Beruhige dich") nicht helfen. Das Gehirn ist im Überlebensmodus - Denken ist Luxus.

Zu starke Emotionen sind keine "Fehlfunktionen", sondern oft die Folge alter Erfahrungen, die das Gehirn überlebenssichernd gespeichert hat.

Sie können nicht weggedacht werden - aber sie können neu erlebt und damit neu gespeichert werden.

Verschiebung der Baseline

Chronischer Stress, ein überaktiver Hirnstamm und eine chronisch gewordene Bottom-up-Verarbeitung führen mit der Zeit zu einer Verschiebung der Baseline des autonomen Nervensystems.

Die Homöostase, also der Zustand, in den das System nach einer Belastung zurückkehren sollte, ist nicht mehr echte Entspannung oder Gleichgewicht, *sondern ein erhöhtes Stressniveau*. Das Nervensystem bleibt in Alarmbereitschaft oder fällt in einen Zustand der Untererregung (Dissoziation, Erschöpfung).

In einem ausgeglichenen Nervensystem (gesundes Zusammenspiel von Sympathikus und Parasympathikus, keine Überreaktion eines der beiden Stränge) werden Reize von außen angemessen verarbeitet.

Das bedeutet, dass man emotional in einer der Situation angemessenen Weise reagiert, ohne zu überreagieren oder innerlich zusammenzubrechen.

$$\bullet \ \bullet \ \bullet \ \bullet \ \bullet \ \bullet \ \bullet \ \bullet \ \bullet$$

Aber was ist bei chronischem Stress?

Das Nervensystem wird sensibilisiert - die Schwelle, ab der ein Reiz als bedrohlich empfunden wird, sinkt. Es kommt zu emotionalen Über- oder Unterreaktionen. Kleinste Auslöser können intensive Gefühle auslösen. Das bedeutet, diese Menschen werden durch Erfahrungen traumatisiert und retraumatisiert, die die meisten Menschen für banal halten würden.

Die sogenannte neurotische Reaktion: Das Nervensystem reagiert nicht auf das Hier und Jetzt, sondern so, als ob das traumatische Ereignis in der Vergangenheit *gerade jetzt stattfände.*

Das Ereignis wird so interpretiert, als würde es gerade geschehen. Es wird so reagiert, als würde es gerade geschehen. Die Emotionen fühlen sich sehr real an, als wären sie angemessene Reaktionen auf ein Ereignis, das tatsächlich in der Gegenwart stattfindet. Sie werden jedoch von inneren Triggern oder Interpretationen ausgelöst, nicht von einer aktuellen Bedrohung.

• • • **•** • **•** • • •

Gesundes, gut reguliertes Nervensystem

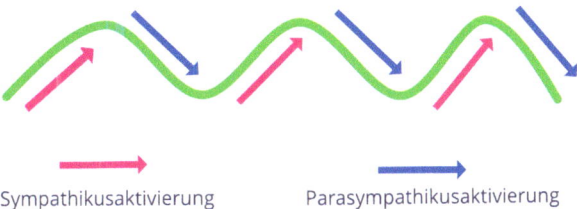

Sympathikusaktivierung   Parasympathikusaktivierung

Abbildung 22: Nervensystem mit angemessener Baseline.

• • • ● • ● • • •

Fehlreguliertes Nervensystem

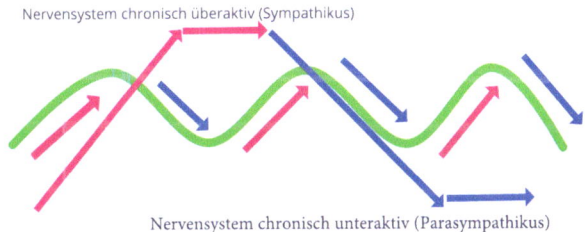

Nervensystem chronisch überaktiv (Sympathikus)

Nervensystem chronisch unteraktiv (Parasympathikus)

Abbildung 23: Hirnstamm überaktiv.

• • • ● ● • ● • • •

Assoziation und Dissoziation

Assoziation bezieht sich auf die Fähigkeit, verschiedene Gedanken, Gefühle, Erinnerungen und Wahrnehmungen miteinander zu verknüpfen. Es ist ein natürlicher und gesunder psychischer Prozess, der es ermöglicht, Emotionen und Erfahrungen zu verknüpfen und zu integrieren. Das Erlebnis ist: Dies ist meine Emotion, ich fühle sie, sie gehört zu mir.

Im Zustand der Assoziation ist sich eine Person normalerweise ihrer eigenen Gefühle und Gedanken sehr bewusst. Sie ist in der Lage, sich mit ihren inneren Erfahrungen auseinanderzusetzen und diese zu reflektieren. Emotionen sind präsent und können in den Moment integriert werden. Wenn man seine Gefühle assoziiert erlebt, erlebt man sie bewusst.

Dissoziation ist eine mentale Abspaltung oder ein Zustand, in dem sich eine Person von ihren Gedanken, Gefühlen oder ihrer Umgebung entfernt, um mit überwältigendem Stress oder traumatischen Erfahrungen besser umgehen zu können.

Es handelt sich um eine Schutzreaktion des Gehirns, um intensiven Stress oder Traumata zu bewältigen. Im Grunde sagt das Gehirn: Bevor das ganze System zusammenbricht, wegen Überlastung, schalten wir bestimmte Funktionen einfach ab. Das ist so ähnlich wie bei einem gut aufgebauten Stromnetz. Bevor alles ausfällt, fallen Subsysteme aus.

Dissoziation kann verschiedene Formen annehmen, von "Tagträumen" und Gedankenkreisen bis hin zu schwereren Zuständen wie Amnesie oder dem Gefühl, nicht mehr im eigenen Körper zu sein.

Dissoziation bedeutet, dass das emotionale und körperliche Erleben des Traumas vom bewussten Erleben abgekoppelt wird. Dies führt dazu, dass sich die betroffene Person "außen vor" fühlt oder ihre eigenen Reaktionen nicht mehr vollständig wahrnimmt.

Dissoziation bedeutet nicht, dass keine Gefühle "produziert" werden. Der Körper spürt die Gefühle sehr wohl und reagiert auch darauf. Es gibt Formen der dissoziativen Raserei, bei denen Menschen hochemotional sind, von ihren Gefühlen geradezu überflutet werden. Sie können sie aber nicht mehr bewusst als Gefühle empfinden, ihr Neokortex ist offline.

• • • ● • ● • • •

Das Toleranzfenster für emotionale Erfahrungen

Der amerikanische Psychiater und Neurowissenschaftler Dan Siegel prägte im Zusammenhang mit Trauma, Emotionsregulation und Hirnfunktion den Begriff "Window of Tolerance". Dieses Konzept beschreibt den optimalen Erregungsbereich des Nervensystems, in dem ein Mensch emotional stabil, konzentriert und zur Selbstregulation fähig ist.

Innerhalb dieses Fensters kann man: Gedanken klar ordnen, Gefühle regulieren, Herausforderungen flexibel begegnen, in Beziehungen präsent bleiben. Außerhalb dieses Fensters kommt es zur Dysregulation, einem Zustand, in dem man nicht mehr gut mit sich selbst und der Umwelt in Kontakt ist. Außerhalb des Fensters gibt es zwei typische Reaktionen:

• • • ● • ● • • •

Hyperarousal (Übererregung):

Symptome: Angst, Panik, Wut, impulsives Verhalten, Hypervigilanz. Der Körper befindet sich im "Kampf- oder Fluchtmodus". Es fällt schwer, klare Gedanken zu fassen.

· · · ● · ● · · ·

Hypoarousal (Untererregung):

Symptome: Taubheit, Leere, Rückzug, Dissoziation, Antriebslosigkeit. Der Körper ist eher im "Erstarrungs"-Modus. Man fühlt sich abgeschnitten, müde, innerlich leer.

· · · ● · ● · · ·

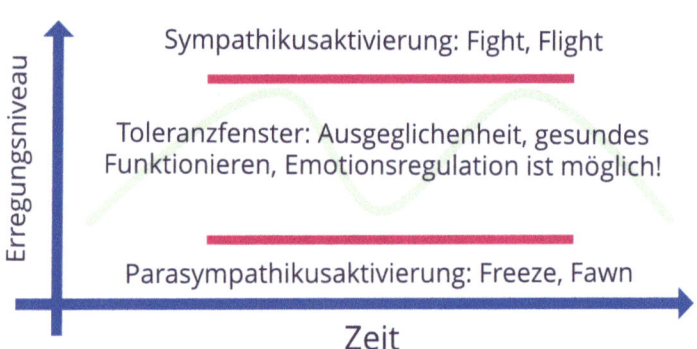

Abbildung 24: Das Fenster der Toleranz.

• • • ● • ● • ● • •

Das Konzept des Toleranzfensters beschreibt nicht nur, wie gut wir emotional reagieren können, sondern ist eng mit unserem körperlichen Erleben verbunden.

Wie gesagt, Emotionen sind keine rein "mentalen" Ereignisse - sie sind verkörperte Erfahrungen, sie gehen unvermeidbar mit körperlichen Empfindungen einher.

Wenn wir uns innerhalb unseres Toleranzfensters befinden, können wir diese körperlichen Signale wahrnehmen und regulieren:

- Wir spüren Angst und merken gleichzeitig, dass wir weiteratmen können.

- Wir spüren Traurigkeit, ohne davon überwältigt zu werden.

- Wir nehmen Wut als Hitze im Bauch wahr und können bewusst damit umgehen.

• • • ● • ● • • •

Außerhalb des Toleranzfensters - in den Zuständen Hyperarousal (Fight/Flight) oder Hypoarousal (Freeze/Shutdown) - verliert der Körper seine Feinabstimmung:

- Im Hyperarousal überfluten Angst oder Wut den Körper, der Herzschlag rast, die Muskeln spannen sich übermäßig an.

- Im Hypoarousal fühlt sich der Körper leer, schwer, "abgeschaltet". Das heißt, Empfindungen werden nur noch dumpf oder gar nicht mehr wahrgenommen.

• • • ● • ● • • •

Deshalb ist es wichtig, körperliche Empfindungen bewusst in die Arbeit mit Emotionen einzubeziehen:

Sie helfen uns zu erkennen, ob wir uns noch im regulierten Bereich befinden. Sie zeigen auch an, wenn wir uns in Richtung Dysregulation bewegen.

Durch bewusste Wahrnehmung und sanfte Steuerung des Körpers (z.B. Atmung, Körperhaltung, Muskeltonus) können wir das Nervensystem beruhigen und wieder ins Toleranzfenster zurückbringen.

Das Toleranzfenster ist für die Arbeit entscheidend, denn um die entscheidende Erinnerung zu finden, muss das gegenwärtige Erleben reaktiviert werden. Bei einer Mäusephobie muss die Angst vor Mäusen im therapeutischen Prozess bewusst erlebt werden.

Wir können Gefühle nicht auslöschen, auch nicht durch Gedächtniskonsolidierung, auch nicht durch Hypnose. Alle Gefühle gehören zum Menschen. Alle. Wir müssen lernen, mit den körperlichen Empfindungen, die sie begleiten, umzugehen, auf sie zu hören, unsere Bedürfnisse wahrzunehmen und sie angemessen zu befriedigen.

Gefühle als gegeben zu akzeptieren, ist der erste Schritt zu echter, weil möglicher Freiheit.

Was wir aber tun können, ist, auch sekundäre Emotionen als solche wahrzunehmen und angemessen darauf zu reagieren. Sekundäre

Emotionen signalisieren oft auch Bedürfnisse, aber Bedürfnisse, die aus unbefriedigten Kindheitserfahrungen herrühren, die möglicherweise von Beziehungspartnern in der Gegenwart nicht erfüllt werden können.

Ein Beispiel wäre das Nachholen einer sicheren Bindung, die in der Kindheit zur Bezugsperson nicht aufgebaut werden konnte. Bedingungslose Liebe, das Bedürfnis nach erlaubter Autonomie etc. Dies kann mit einem Therapeuten nachgeholt werden, nicht aber mit einem Kind, Ehepartner oder Freund.

Zu akzeptieren, dass bestimmte Erfahrungen vielleicht nicht erzwungen werden können und der Wunsch danach so unrealistisch ist, dass er in der Gegenwart nicht erfüllt werden kann, ist der zweite Schritt in die Freiheit.

Was wir tun können, ist, Erinnerungen so zu verändern, dass sie zum Beispiel nicht immer wieder allzu intensive Gefühle auslösen. Wir können auch bewusst lernen, unangenehme Empfindungen, die mit Emotionen erster Ordnung einhergehen, auszuhalten, ohne sofort darauf zu reagieren. Dazu gibt es Achtsamkeitsübungen.

· · · ● · ● · ● · ·

Das ist der Weg zur Erweiterung des Toleranzfensters. Das gilt sowohl für Erinnerungen, die mit Emotionen erster Ordnung verbunden sind, als auch für Erinnerungen, die mit Emotionen zweiter Ordnung verbunden sind.

• • • ● • ● • ● • •

---

1. Pert, 2001

2. Panksepp, 1998

3. ***Exterozeption*** bezeichnet die Wahrnehmung von Reizen aus der äußeren Umgebung, die über die Sinne wie Sehen, Hören, Schmecken, Riechen und Tasten aufgenommen werden. Diese Reize stammen also aus der Außenwelt und ermöglichen es uns, mit unserer Umwelt zu interagieren. Im Gegensatz dazu gibt es die ***Propriozeption***, die sich auf die Wahrnehmung der Position und Bewegung im eigenen Körper bezieht (wie bereits erläutert), und die ***Interozeption***, die sich auf die Wahrnehmung innerer Körperzustände bezieht (z. B. Hunger, Durst oder Schmerz).

4. Barrett-Feldman, 2017

Drei Netze im Kopf

In der Geschichte der Psychotherapie hält sich ein grundlegender Irrtum erstaunlich hartnäckig: der Glaube, seelisches Leiden könne durch Einsicht und Vernunft gelöst werden. Schon Freud setzte auf Einsicht als Weg zur Heilung.

Doch heute wissen wir: Die neuronalen Systeme, die unsere Ängste und inneren Konflikte schüren, reagieren nicht auf Logik, sondern auf emotionale Erfahrungen und Konditionierungen. Das Gehirn speichert belastende Erfahrungen in komplexen Netzwerken - und genau diese Strukturen gilt es zu verstehen, wenn wir Veränderung bewirken wollen.

Hier setzt die Netzwerktheorie an. Sie beschreibt, wie psychische Symptome in neuronalen Aktivitätsmustern verankert sind, die sich über mehrere funktionelle Netzwerke des Gehirns erstrecken. Drei zentrale Netzwerke sind dabei besonders relevant:

- Das Default Mode Network (DMN), das für Selbstbezug, Erinnerungen und Grübelschleifen zuständig ist.

- Das Salienznetzwerk (SN), das bedrohliche Reize erkennt und die Aufmerksamkeit umschaltet.

- Das Central Executive Network (CEN), das für intentionales Denken, Problemlösen und kognitive Kontrolle zuständig ist.

• • • • ● • ● • • •

Unser Nervensystem ist also ein faszinierendes und hochkomplexes Kommunikationssystem, das aus vielen miteinander verbundenen Netzwerken besteht.

Die neue Disziplin der Netzwerk-Neurowissenschaften verändert unser Verständnis des Gehirns grundlegend. Anstatt einzelne Hirnregionen isoliert zu betrachten, zeigt sie, dass unser Gehirn aus dynamisch verbundenen Netzwerken besteht, die ständig miteinander kommunizieren.

Diese Netzwerke ermöglichen es den verschiedenen Hirnregionen – vom Frontallappen über das limbische System bis hin zum Hirnstamm – zusammenzuarbeiten und so die unterschiedlichsten mentalen und emotionalen Zustände zu erzeugen.

Klassische Begriffe wie "Amygdala", "Hippocampus" oder "präfrontaler Cortex" werden also durch Netzwerkmodelle ergänzt. Das heißt, die Zukunft der Neurowissenschaften und damit auch der Psychotherapie bzw. des Coachings liegt nicht mehr in der Betrachtung einzelner Strukturen, das Gehirn hat keine einzelnen Organe so wie der Körper einen Magen, einen Darm und eine Milz hat, sondern in der Betrachtung des Zusammenspiels großer Netzwerke.

Je nachdem, welches Netzwerk dominant aktiv ist und je nachdem wie es mit anderen zusammenspielt, erleben wir Konzentration, Entspannung, Mitgefühl oder Alarmbereitschaft.

· · · · ● · ● · · ·

Die Integration von Netzwerktheorien in die Therapie ermöglicht es, psychische Störungen besser zu verstehen und auf ihre neuronalen Grundlagen einzugehen.

In gewisser Weise ist der Himmel ein Stück weiter offen. Wenn wir wissen, wie wir diese Netzwerke aktivieren, durch welche Vorstellungen, durch welche Gedanken, durch welche Art der Aufmerksamkeitsfokussierung, durch welche Art von Input, dann können wir die Aktivierungsmuster dieser Netzwerke nutzen, um Heilungsprozesse gezielt zu unterstützen.

· · · · ● · ● · · ·

Es gibt mehr als 100 Netzwerke, die im Gehirn zusammenarbeiten, aber drei orchestrieren das Ganze, das sind die drei oben genannten, und diese drei möchte ich hier vorstellen.

Diese drei Netzwerke spielen eine entscheidende Rolle bei der Steuerung unserer Aufmerksamkeit, der Verarbeitung von Reizen, der Selbstwahrnehmung sowie bei höheren kognitiven Funktionen wie Planung, Problemlösung und Emotionsregulation. Sie bilden das funktionelle Grundgerüst unseres Denkens, Fühlens und Handelns.

Jedes dieser Netzwerke hat seine eigenen, unverwechselbaren Funktionen, die zusammen unser kognitives und emotionales Erleben steuern.

Die drei Netzwerke überschneiden sich funktional. Sie wechseln sich nicht strikt ab, sondern koordinieren sich kontinuierlich.

Die beste psychische Gesundheit entsteht durch einen ständigen, fließenden Wechsel zwischen den drei wichtigsten neuronalen Netzwerken. Keines der drei Netzwerke wird dominant genutzt und überbeansprucht.

Das Salience-Network (SN) übernimmt dabei die Rolle eines Dirigenten: Es gibt den Rhythmus vor und steuert, wann unsere Aufmerksamkeit zwischen verschiedenen Zuständen wechselt.

Die drei Netzwerke: DMN, SN, CEN

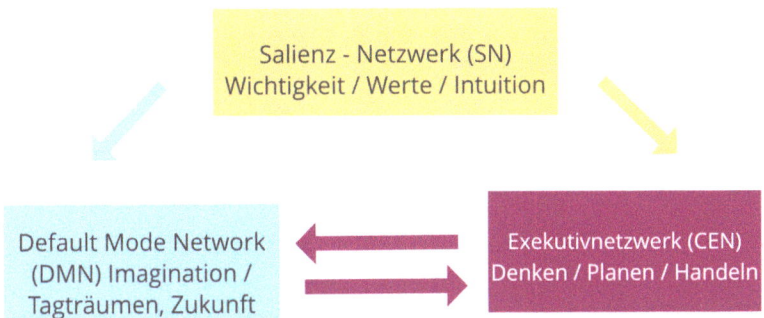

Abbildung 25: Die drei Netzwerke.

Das Triple-Network-Modell

Dieses Modell beschreibt das Zusammenspiel von Vorstellungskraft, Denken und Wertorientierung.

Die Triple Network Theory, bzw. das Modell, wurde von Vinod Menon im Jahr 2011 etabliert.

Menon beschrieb die schon erwähnten drei zentrale Netzwerke im Gehirn, die eine Schlüsselrolle bei der kognitiven Kontrolle, der Selbstwahrnehmung und der Reaktion auf äußere Reize spielen.

Nachfolgend stelle ich die drei Netzwerke, deren Aktivität Menon beschreibt, kurz vor.

Default Mode Network (DMN)[1]

- Aktiv bei Selbstbezug, Tagträumen, Erinnerungen, innerem Denken. Aktiv beim inneren Erleben.

- Wichtig für Selbstwahrnehmung, autobiographisches Gedächtnis und mentale Simulation.

- Überaktivität des DMN wird z.B. mit Depression, Grübeln und PTBS in Verbindung gebracht.

Salienznetzwerk (Salience-Network, SN)[2]

- Erkennt wichtige (saliente) Reize - sowohl aus dem Körper (z.B. Schmerz) als auch aus der Umwelt (z.B. Bedrohung).

- Vermittelt zwischen DMN und CEN und entscheidet, ob die Aufmerksamkeit nach innen oder nach außen gerichtet wird.

• • • ● • ● • • •

Zentrales Exekutivnetzwerk (CEN)

- Aktiv bei kognitiv anspruchsvollen Aufgaben. Aufgaben wie: Arbeitsgedächtnis, Problemlösung und Aufmerksamkeitssteuerung.

- Wird immer dann aktiv, wenn wir etwas bewusst tun.

- Hilft, Emotionen zu regulieren und kontrolliert bewusstes Denken.

Menons zentrale These:

Nicht einzelne Hirnareale, sondern Netzwerke und ihre Verbindungen sind entscheidend. Gesundheit und geistiges Wohlbefinden entstehen *durch das flexible Wechseln* zwischen den Netzwerken.

• • • ● •• ● •• • •

Menons Modell betont, dass psychische Störungen häufig durch gestörte Interaktionen zwischen diesen drei Netzwerken entstehen - z.B. durch eine Überaktivität des DMN, eine fehlgeleitete Salienzverarbeitung (SN) oder eine Schwäche des Exekutivnetzwerks (CEN), sich abzugrenzen oder zu regulieren.

• • • ● • ● • • •

Die Netzwerke und ihre Hauptfunktion

Default Mode Network (DMN)

Das Default Mode Network (DMN) wird aktiv, sobald keine äußeren Aufgaben unsere Aufmerksamkeit beanspruchen. Es steuert Tagträume, Selbstreflexion, innere Monologe, Erinnerungen, Grübeleien, Planungen und mentale Simulationen. Dabei erzeugt es ständig neue Szenarien, Vorstellungen und Projektionen - sowohl positive als auch negative.

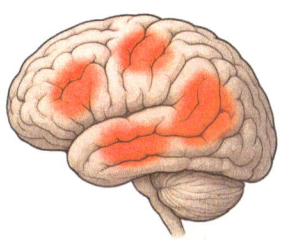

**DEFAULT MODE
NETWORK**

*Abbildung 26: Das
Default-Mode-Network.
Dieses Bild wurde mit
Hilfe von KI erstellt.*

• • • • ● • ● • • •

Hauptfunktionen:

Das DMN unterstützt die Vorstellungskraft, die emotionale Verarbeitung vergangener Erlebnisse, die Planung zukünftiger Ereignisse und die Bildung eines stabilen inneren Selbstbildes. Es ist entscheidend für kreative Prozesse, für die Entstehung neuer Ideen und für die Fähigkeit, das eigene Leben in größere Zusammenhänge einzuordnen.

· · · ● ● · ● ● ● · ·

Zentrale Strukturen:

Wichtige Bereiche des DMN sind der mediale präfrontale Cortex (Selbstreflexion), der posteriore cinguläre Cortex (Vergangenheitsbezug) sowie verschiedene parietale Regionen, die innere Bilder und Erinnerungen integrieren.

· · · ● ● · ● ● ● · ·

Typische Aktivitäten:

Das Default Mode Network ist besonders aktiv, wenn wir "in Gedanken versinken" - zum Beispiel beim freien Nachdenken, beim unbewussten Reflektieren, beim Erinnern oder beim gedanklichen Planen der Zukunft. Es wirkt unterbewusst und kann 30-mal schneller arbeiten als bewusste Gedanken.

• • • • ● • ● • • •

Besonderheiten:

Das DMN bildet den inneren Resonanzboden für Phantasien, Projektionen und emotionale Verarbeitung. In entspannter Wachheit - etwa beim leichten Tagträumen oder kreativen Abschweifen - entfaltet es sein volles Potenzial. Eine Überaktivierung kann jedoch auch zu Grübelschleifen, Ängsten und depressiven Gedanken führen.

• • • • ● • ● • • •

Zusammenhang mit psychischer Gesundheit:

Eine gesunde Aktivität des DMN fördert Kreativität, emotionale Integration und Zukunftsplanung. Eine übermäßige Aktivität hingegen begünstigt Sorgen, Pessimismus und depressive Muster. Insbesondere stressbedingte Erkrankungen wie Angststörungen oder PTBS sind häufig mit einer Dysregulation des DMN verbunden.

Aktivierung und Beruhigung:

Das DMN wird automatisch in Phasen der Entspannung aktiviert - zum Beispiel bei geschlossenen Augen, beim Dösen oder beim freien Denken.

Um eine Überaktivierung auszugleichen, helfen kurze Achtsamkeitsübungen wie bewusstes Gähnen, Atmen, sanftes Dehnen oder kreative Tätigkeiten. Dadurch wird das DMN beruhigt und seine Aktivität besser reguliert. Diese Übungen aktivieren das Salienznetzwerk (SN), was wiederum die Grübelschleifen des DMN unterbrechen kann.

Bedeutung im Zusammenspiel:

Das DMN arbeitet eng mit dem Salience-Network (SN) und dem Exekutiv-Netzwerk (CEN) zusammen. Während das Salience-Network (SN) relevante Inhalte auswählt, überprüft das Exekutiv-Netzwerk (CEN) die Impulse des DMN auf ihre Umsetzbarkeit. Eine dynamische Balance zwischen freier Fantasie und zielgerichteter Umsetzung ist entscheidend für kreative Leistung und psychische Stabilität.

· · · ● · ● ● · · ·

Das Salience-Network (SN)

Das Salience-Network (SN) bewertet ständig, was gerade wichtig, bedeutsam oder dringend ist - sowohl intern (Gedanken, Gefühle) als auch extern (Umweltreize, soziale Situationen). Es entscheidet automatisch, worauf unsere Aufmerksamkeit gerichtet werden soll und schaltet flexibel zwischen dem Default Mode Network (DMN) (Imagination) und dem Central Executive Network (CEN) (fokussiertes Denken) um.

· · · ● · ● ● · · ·

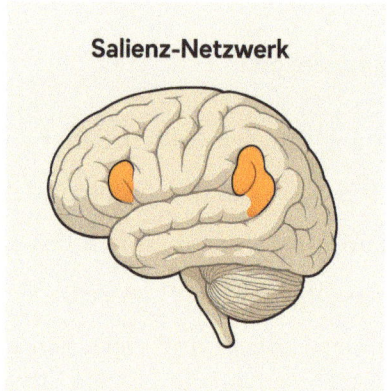

Abbildung 27: Das
Salience-Network (SN).

• • • ● • ● • • •

Hauptaufgaben:

Das Salience-Network(SN) erkennt die Bedeutung von Reizen und Gedanken, ermöglicht Achtsamkeit und Präsenz und unterstützt unsere Selbstwahrnehmung sowie die Entwicklung von Empathie. Es hilft, intuitive Entscheidungen zu treffen und sorgt für eine gesunde Balance zwischen Denken, Fühlen und Handeln. Es ist auch unser soziales "Gehirn".

• • • ● • ● • • •

Zentrale Strukturen:

Die wichtigsten Bestandteile sind die Insula und der anteriore cinguläre Cortex (ACC). Diese Regionen enthalten spezialisierte Nervenzellen (Economo-Neuronen), die besonders schnelle, intuitive Einschätzungen und Reaktionen ermöglichen.

• • • ● • ● • • •

Typische Aktivitäten:

Das Salience-Network (SN) wird aktiv, wenn wir intuitiv spüren, dass etwas wichtig ist - oft noch bevor wir es rational verstehen. Es steuert die Wahrnehmung innerer Impulse wie Werte oder Bedürfnisse und signalisiert, wann ein Wechsel zwischen innerer Vorstellung und äußerer Handlung notwendig ist.

• • • ● • ● • • •

Besonderheiten:

Das Salience-Network (SN) ist das Zentrum für innere Werte, intuitive Wahrnehmung und spirituelle Erfahrungen. Es verbindet empathisches Erleben mit bewusster Präsenz und ist entscheidend dafür, ob wir etwas als bedeutsam erleben. Besonders kurze Momente der Achtsamkeit (10-30 Sekunden) aktivieren dieses Netzwerk effektiv.

· · · ● · ● ● · · ·

Zusammenhang des SN mit psychischer Gesundheit:

Ein gesundes, gut funktionierendes Salience-Network (SN) ermöglicht eine stabile emotionale Selbstregulation, fördert flexibles Denken, unterstützt das Erleben von Sinn und hilft, soziale Bindungen aufzubauen. Ist es hingegen geschwächt oder dysreguliert, führt dies häufig zu emotionaler Überforderung, Prioritätenverlust und sozialer Entfremdung.

· · · ● · ● · · ·

Aktivierung und Stärkung:

Das Salience-Network (SN) kann durch kurze Achtsamkeitsübungen gezielt aktiviert werden - zum Beispiel durch bewusstes Gähnen, achtsames Atmen, Dehnen oder Reflektieren der eigenen Werte. Auch das bewusste Wahrnehmen von Körperempfindungen wie Herzschlag oder Atmung stärkt seine Aktivität und verbessert die emotionale Stabilität.

· · · ● · ● · · ·

Bedeutung im Zusammenspiel:

Im Zusammenspiel mit anderen Netzwerken übernimmt das Salience-Network (SN) eine Vermittlerrolle: Es entscheidet, wann es sinnvoll ist, von der kreativen Imagination (DMN) zur bewussten Handlung (CEN) zu wechseln. Damit hilft es, emotionale Relevanz in die Entscheidungsfindung zu bringen und sich auf das wirklich Wesentliche zu konzentrieren.

· · · ● · ● · · ·

Das Excekutiv-Netzwerk (CEN)

Das Exekutivnetzwerk (CEN) wird aktiv, wenn bewusstes, zielgerichtetes Denken gefragt ist. Es unterstützt Planen, Entscheiden, Problemlösen und Fokussieren. Immer wenn wir strategisch vorgehen, Informationen ordnen oder Handlungen bewusst steuern, übernimmt das Exekutivnetzwerk (CEN) die Kontrolle.

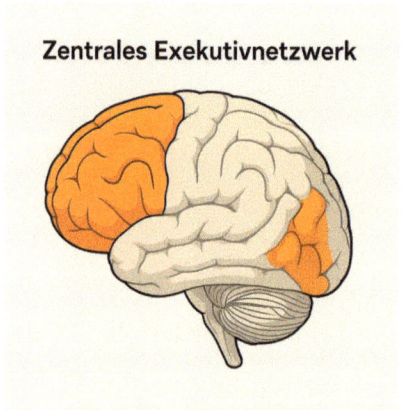

Abbildung 28: Das Excekutiv-Netzwerk (CEN). Dieses Bild wurde mit Hilfe von KI erstellt.

· · · · ● ·● ● · ·

Hauptaufgaben:

Das CEN hilft, klare Ziele zu definieren, komplexe Aufgaben in Teilschritte zu zerlegen und Strategien zur Umsetzung zu entwickeln. Es ermöglicht das bewusste Steuern der Aufmerksamkeit, die Unterdrückung impulsiver Reaktionen und das Überprüfen spontaner Einfälle auf ihre Umsetzbarkeit.

· · · ● ● · ● ● · · ·

Zentrale Strukturen:

Das CEN ist vor allem im dorsolateralen präfrontalen Cortex (DLPFC) sowie in den parietalen Regionen des Gehirns verankert. Diese Bereiche arbeiten eng zusammen, um bewusstes Planen, logisches Denken und kognitive Kontrolle zu ermöglichen.

· · · ● ● · ● ● · · ·

Typische Aktivitäten:

Das Exekutivnetzwerk (CEN) wird aktiv, wenn wir konzentriert an einer Aufgabe arbeiten, gezielt eine Entscheidung treffen oder reflektiert argumentieren. Es hilft dabei, Impulse zu steuern, fokussiert zu bleiben und Emotionen kognitiv einzuordnen – etwa bei Verhandlungen, Problemlösungen oder strategischer Planung.

• • • ●•• ● •• • •

Besonderheiten:

Das Exekutivnetzwerk (CEN) ist der "Manager" unseres Denkens: Es plant, kontrolliert und setzt Prioritäten. Es entwickelt sich erst im Verlauf vieler Jahre und erreicht seine volle Reife erst im jungen Erwachsenenalter. Besonders bei komplexen oder neuen Herausforderungen wird das CEN stark beansprucht.

• • • ●•• ● •• • •

Zusammenhang mit psychischer Gesundheit:

Eine gesunde Aktivität des Exekutivnetzwerks (CEN) ermöglicht strukturierte Problemlösung, emotionale Impulskontrolle und fokussiertes Handeln. Eine Dysfunktion zeigt sich oft in Konzentrationsstörungen, Planlosigkeit oder impulsivem Verhalten. Zu viel Aktivität im CEN kann zu Überforderung, "Overthinking" und Stress führen.

· · · ● · ● ● · · ·

Aktivierung und Stärkung:

Das CEN wird durch gezielte Aufgaben, bewusste Zielsetzungen und strukturiertes Arbeiten aktiviert. Pausen, achtsame Unterbrechungen und kreative Ablenkung sind essenziell, um Erschöpfung des Netzwerks zu vermeiden. Regelmäßiges bewusstes Wechseln zwischen Konzentration und Entspannung stärkt die Leistungsfähigkeit des Exekutivnetzwerks (CEN) nachhaltig.

· · · ● · ● ● · · ·

Bedeutung im Zusammenspiel:

Das Exekutivnetzwerk (CEN) interagiert laufend mit dem Salienznetzwerk (SN) und dem Default Mode Network (DMN). Während das Salienznetzwerk (SN) relevante Impulse auswählt und sie bewertet, prüft das Exekutivnetzwerk (CEN), welche davon umgesetzt werden sollen. So entsteht eine Balance zwischen kreativer Idee und praktischer Umsetzung – ein essenzielles Zusammenspiel für psychische Gesundheit und Lebensgestaltung.

Die Aktivierung der drei Netzwerke

Jedes der drei Netzwerke - Default Mode Network (DMN), Salienz Network (SN) und Executive Network (CEN) - kann auf verschiedene Weise aktiviert werden, durch sprachliche Mittel, visuelle Reize und Eingaben, die jeweils spezifisch auf die Funktionalität und das Ziel jedes Netzwerks zugeschnitten sind. Hier eine detaillierte Erklärung, wie jedes dieser Netzwerke aktiviert wird:

· · · · ● · ● · · ·

Default Mode Network (DMN)

- *Sprachlich: Selbstreflexion und Fragen zur eigenen Vergangenheit oder Zukunft:* Sätze wie "Erinnere Dich an einen Moment, der dir viel bedeutet hat" oder "Wie hast Du Dich damals gefühlt?" stimulieren das DMN, um Erinnerungen zu reaktivieren und die Selbstreflexion zu fördern.

- *Zukunftsorientierte Gedanken:* Formulierungen wie: "Stell dir vor, wie Dein Leben in fünf Jahren aussehen wird" aktivieren das DMN, um Vorstellungen und Visionen für die Zukunft zu entwickeln.

- *Tagträumen:* Sprachliche Hinweise, die den Geist von der Gegenwart ablenken, wie: "Stell dir eine andere Realität vor" oder "Lass Dich von Deinen Gedanken treiben", fördern das Tagträumen und die inneren Bilder, die das DMN aktivieren.

- *Visuell:* Visualisierungen von vergangenen oder zukünftigen Ereignissen können das DMN aktivieren. Zum Beispiel die Darstellung von Kindheitserinnerungen oder Zukunftsvisionen (z.B. ein idealer Lebenslauf, Ziele oder die Vorstellung von Erfolg).

- *Unscharfe oder symbolische Bilder:* Bilder, die interpretationsoffen sind (z.B. verschwommene Landschaften, leere Räume), fördern freie Assoziation und reflexive Verarbeitung.

- *Gedanken und Erinnerungen:* Das Netzwerk wird durch innere Gedanken und die Verarbeitung vergangener Erlebnisse sowie die Planung zukünftiger Ereignisse aktiviert.

- *Tagträume und "Gedankenreisen":* Häufig ausgelöst durch monotone Aufgaben, bei denen der Geist abschweift und automatisch in Gedankenschleifen gerät, die das DMN stimulieren.

· · · ● · ● · · ·

Die Aktivierung des Salience-Network (SN)

- *Sprachlich:* Emotionale Sprache: Aussagen wie: "Das könnte gefährlich sein" oder "Pass auf, was jetzt passiert" aktivieren das SN, um die Aufmerksamkeit auf relevante oder bedrohliche Reize zu lenken.

- *Anweisende Sprache:* Anweisende Sätze wie: "Sei vorsichtig" oder "Schau genau hin" können das SN anregen, schnell auf neue, wichtige oder potenziell bedrohliche Reize zu reagieren.

- *Wichtige Entscheidungen:* Sprache, die Entscheidungen oder Bewertungen verlangt ("Was ist die beste Wahl?" oder "Was ist die beste Lösung?") aktiviert das SN, das die Auswahl der zu berücksichtigenden Informationen steuert.

- *Visuell: Intensive, auffällige Reize:* Starke, auffällige visuelle Reize wie helles Licht, schnelle Bewegungen oder bedrohliche Bilder (z.B. Gefahrensituationen) aktivieren das SN, das diese Informationen priorisiert.

· · · ● · ● · ● · ·

- *Kontraste und Ungewöhnliches:* Ungewöhnliche oder kontrastreiche Bilder oder Szenarien (z.B. ein blinkendes Licht, eine anormale Situation) ziehen die Aufmerksamkeit auf sich und aktivieren das SN, die Aufmerksamkeit auf relevante Details zu lenken.

- *Emotionale oder physiologische Signale:* Starke emotionale Reaktionen wie Angst oder Freude können das SN aktivieren, indem sie die Bedeutung eines bestimmten Reizes erhöhen.

- *Externe Bedrohungen oder Konflikte:* Situationen, die eine schnelle Reaktion erfordern (z.B. Gefahr, Stress) aktivieren das SN, um die Aufmerksamkeit zu lenken und das Verhalten zu steuern.

•••••••••••

Die Aktivierung des Exekutives Netzwerk (CEN)

- *Sprache:* Zielorientierte und lösungsorientierte Sprache: Sätze wie "Was müssen wir tun, um dieses Ziel zu erreichen?" oder "Welche Schritte sind notwendig, um das Problem zu lösen?" aktivieren das CEN, um eine Handlungsstrategie zu entwickeln.

- *Anweisungen und Planung:* Sätze wie "Plane Deinen nächsten Schritt" oder "Was kommt als Nächstes?" fordern zum Planen und Handeln auf und aktivieren das CEN.

- *Verhaltenskontrolle:* Sprache, die zu kontrolliertem Handeln auffordert oder impulsive Reaktionen hemmt, wie z.B. "Atme tief durch und denke nach, bevor Du reagierst", aktiviert das CEN und fördert die Impulskontrolle.

- *Visuell:* Visuelle Planung und Organisation: Diagramme, To-do-Listen oder visualisierte Handlungsabläufe aktivieren das CEN, da sie die mentale Organisation und Zielverfolgung anregen.

• • • • • • • • • •

- *Aktionsorientierte Visualisierungen:* Szenen mit klaren Zielen und Schritt-für-Schritt-Anweisungen stimulieren das CEN, da es die Planung und Durchführung von Aufgaben steuert.

- *Zielgerichtete Aufgaben und Herausforderungen:* Das CEN wird stark aktiviert, wenn eine kognitive Herausforderung vorliegt, die Planung, Entscheidungsfindung und Problemlösung erfordert.

- *Fokussierung auf Handlungen und Entscheidungen:* Wenn eine Situation Konzentration und Entscheidungsfindung erfordert, wird das CEN angeregt, die richtigen Handlungen auszuwählen und auszuführen.

· · · ● ● · ● ● · · ·

Das Zusammenspiel der drei Netzwerke

Das Zusammenspiel von DMN, SN und CEN ist grundlegend für das Verständnis unserer Umwelt, die Selbstregulation und das Erreichen unserer Ziele. Jedes Netzwerk spielt eine spezifische Rolle - das DMN reflektiert und plant, das SN bewertet und lenkt die Aufmerksamkeit und das CEN setzt Maßnahmen um.

• • • ● ● • ● ● • • •

Die Interaktion zwischen DMN und SN

Das Default Mode Network (DMN) und das Salience-Network (SN): Das DMN ist normalerweise aktiv, wenn der Geist "abgeschaltet" ist, d.h. bei inneren Gedankenprozessen wie Selbstreflexion, Tagträumen oder dem Wiedererleben von Erinnerungen. Es beschäftigt sich mit der Vergangenheit, der Zukunft und mit Gedankenschleifen, die oft introspektiv oder grüblerisch sind.

Die SN hingegen hilft, wichtige Reize aus der Umwelt und aus inneren Gedanken und Gefühlen zu erkennen und die Aufmerksamkeit auf besonders relevante oder bedrohliche Reize zu lenken. Sie bewertet, was gerade wichtig ist und signalisiert, welche Informationen Aufmerksamkeit verdienen.

Im gesunden Zustand hilft das SN, die Aufmerksamkeit von weniger relevanten Gedanken des DMN abzulenken und auf unmittelbare, wichtige Ereignisse zu fokussieren.

Das SN kann das DMN "unterbrechen" oder die Gedankenschleifen im DMN nach Bedarf anpassen, indem es emotionale Reize oder Veränderungen in der Umgebung als "wichtig" markiert. Dadurch wird das DMN angeregt, sich auf die gegenwärtige Situation zu konzentrieren und nicht in der Vergangenheit oder Zukunft zu verweilen.

Ein ausgewogener Dialog zwischen DMN und SN stellt sicher, dass wir in der Lage sind, über uns selbst nachzudenken, ohne uns in negativen Gedanken zu verlieren, während wir uns gleichzeitig auf unsere Umwelt und dringende Aufgaben konzentrieren.

$$\bullet \; \bullet \; \bullet \; \bullet \; \bullet \; \bullet \; \bullet \; \bullet \; \bullet \; \bullet$$

Die Interaktion zwischen SN und CEN

Das SN erkennt relevante Reize und lenkt die Aufmerksamkeit auf wichtige Informationen. Es entscheidet, was für das Überleben oder das Wohlbefinden wichtig ist.

Das CEN steuert dann, wie diese Informationen verarbeitet werden. Es ist dafür verantwortlich, Handlungen zu planen, Ziele zu verfolgen und die kognitive Kontrolle auszuüben, um zu verhindern, dass impulsive Reaktionen den Handlungsprozess dominieren. Es ist das Netzwerk im Gehirn, das vor allem dann aktiv ist, wenn wir bewusst denken, Probleme lösen, planen oder Entscheidungen treffen. Es hilft uns also bei allem, was kognitive Kontrolle erfordert.

Das SN aktiviert das CEN, wenn eine als wichtig erkannte Situation eine kognitive oder emotionale Reaktion erfordert. Wenn z.B. ein bedrohlicher Reiz wahrgenommen wird, bewertet das SN den Reiz als bedrohlich und das CEN wird aktiviert, um eine kontrollierte Reaktion zu planen.

Die Intuition ist ein schöpferischer Impuls aus dem Salienz-Netzwerk (SN). Aber erst die Reflexion im Exekutivnetzwerk (CEN) gibt ihr Bedeutung. Intuition muss also – genau wie die Fantasien des DMN – reflektiert werden.

$$\bullet \; \bullet \; \bullet \; \bullet \bullet \; \bullet \; \bullet \bullet \; \bullet \; \bullet \; \bullet$$

Die Interaktion zwischen DMN und CEN

Das DMN befasst sich mit introspektiven Prozessen, dem Selbst und der Planung der Zukunft, aber auch mit der Verarbeitung der Vergangenheit und der Vorstellung alternativer Szenarien.

Das CEN sorgt für die kognitive Kontrolle, indem es die Aufmerksamkeit lenkt, Handlungen plant und die Selbstregulation unterstützt. Es wird aktiv, wenn es darum geht, zielgerichtet und bewusst zu handeln und kognitive Ressourcen zu steuern.

Das DMN hilft, sich mögliche Szenarien oder Ziele vorzustellen (z.B. wie ein zukünftiges Ereignis aussehen könnte oder was im Leben erreicht werden soll), während das CEN die Schritte und Handlungen organisiert, um diese Ziele in die Realität umzusetzen.

Wenn das DMN in den Grübelmodus verfällt, kann das CEN aktiv werden, um die Gedanken zu strukturieren und den Fokus auf praktische Handlungen zu lenken. Das CEN kann verhindern, dass sich das DMN in Abschweifungen verliert und fördert stattdessen zielgerichtetes Handeln.

$$\bullet \ \bullet \ \bullet \ \bullet \bullet \ \bullet \bullet \ \bullet \ \bullet \bullet \ \bullet$$

Zusammenspiel in der Praxis

In einer idealen, gesunden mentalen Funktion arbeiten alle drei Netzwerke zusammen und regulieren sich gegenseitig: Das SN bewertet die Relevanz von Reizen (z.B. ob eine Maus als bedrohlich wahrgenommen wird) und sorgt dafür, dass der Geist in den richtigen Zustand versetzt wird (Aufmerksamkeit auf Bedrohungen oder Bedürfnisse).

Das DMN übernimmt dann, wenn es um die Verarbeitung von Selbstreflexion, Zukunftsplanung oder Gedanken über die

Vergangenheit geht und nutzt diese Informationen für das Selbstverständnis oder das Verstehen von Zusammenhängen.

Das CEN schließlich ist verantwortlich für die Ausführung und Umsetzung von Handlungen auf der Grundlage der Entscheidungen des SN und der Überlegungen des DMN.

· · · ● · ● · · ·

Die Gefährdung der drei Netzwerke

Wenn eines der Netzwerke über- oder unteraktiv wird, kann das Zusammenspiel gestört werden:

- *Ein überaktives DMN* kann zum Grübeln und zum Verlust der Gegenwartswahrnehmung führen, während das CEN möglicherweise keine Handlungen ausführt.

- *Ein überaktives SN* kann dazu führen, dass man ständig emotionalen Reizen ausgesetzt ist, ohne die Handlungsplanung des CEN zu nutzen, was zu Impulsivität oder Überreaktionen führt.

· · · ● · ● · · ·

- *Ein überaktives Central Executive Network (CEN)* kann zu einer übermäßigen Dominanz von kognitiver Kontrolle, Planung und Problemlösung auf Kosten von emotionaler Flexibilität, Selbstreflexion oder Entspannung führen. Die Folgen können sein: Dauerstress, Burnout, Grübelzwang.

- *Ein unteraktives CEN* kann ein Problem verschlimmern, da die Person in unproduktiven Gedanken oder Gefühlen gefangen bleibt und nicht die notwendigen Handlungen ausführt.

• • • ● • ● • ● • • •

Die Struktur psychischer Symptome

Psychische Symptome lassen sich durch die Netzwerktheorie erklären. Konkret lässt sich sehr häufig folgendes beobachten.

Ein hyperaktives Default Mode Network (DMN)

Das DMN speichert und aktiviert diese negativen, selbstkritischen Erinnerungen. Das Salienznetzwerk (SN) bewertet sie als wichtig und bedrohlich und rückt sie in den Vordergrund.

Das CEN, das normalerweise die bewusste Kontrolle über diese Gedanken übernehmen sollte, versagt in seiner Funktion, diese Gedanken zu regulieren und in den richtigen Kontext zu stellen.

Dies führt zu einem kognitiven und emotionalen Teufelskreis, in dem alte, unverarbeitete Erinnerungen immer wieder als gegenwärtige Realität erlebt werden, was das psychische Leiden verstärken kann.

Ein dysfunktionales Salienznetzwerk (SN)

In Menons Modell ist das Salienznetzwerk (SN) entscheidend für die Unterscheidung zwischen innerer und äußerer Welt. Wenn es dysfunktional wird, können innere Geschichten, die oft mit negativen und irrationalen Gedanken aus der Vergangenheit verbunden sind, die Wahrnehmung der äußeren Realität überlagern. Verzerrte Gedanken werden wahrgenommen als kämen sie aus der Außenwelt. Dies führt dazu, dass das SN diese verzerrten Gedanken als genauso wichtig und relevant einstuft wie reale äußere Bedrohungen.

Ein überaktiver Hirnstamm

Der Hirnstamm, zuständig für primitive Überlebensreaktionen, "sieht" Gefahr – selbst in neutralen Situationen. Das Sicherheitsgefühl ist ausgeschaltet bzw. stark reduziert. Der Hirnstamm bewertet über das Salienznetzwerk (SN), dessen Teil er ist, die Bedeutung von Reizen. Ist das Sicherheitsgefühl herabgesetzt, werden auch harmlose oder neutrale Reize als potentiell bedrohlich wahrgenommen, was zu einem ständigen Gefühl der Gefahr führt.

Chronische Aktivierung des Überlebenssystems

Der Sympathikus (Stressmodus) ist dauerhaft aktiv oder im Wechsel mit einem Erstarrungszustand (Freeze). Der Körper bleibt in Alarmbereitschaft, auch ohne akute äußere Bedrohung. Sicherheit wird nicht mehr wahrgenommen – nur Gefahr.

· · · ● · ● · · ·

Das CEN wird unteraktiv

Der "Denker" im Gehirn – zuständig für Reflexion, Impulskontrolle und Realitätsprüfung – ist im chronischen Stressbetrieb deaktiviert. Dadurch entsteht eine verzerrte Wirklichkeitswahrnehmung.

Wenn das CEN versagt, sei es durch eine Überaktivität des Salienznetzwerks (SN) oder durch eine Fehleinschätzung des DMN, kommt es zu übermäßigen, unkontrollierten emotionalen Reaktionen.

Es fehlt die beruhigende Regulation, und die Reaktionen werden nicht mehr durch bewusste Top-down-Verarbeitung aus dem Neokortex gesteuert, sondern durch automatische, instinktive Reaktionen aus tieferen Hirnstrukturen.

· · · ● · ● · · ·

Dominanz der Bottom-up-Verarbeitung

Bei dominanter Bottom-up-Verarbeitung kommt es chronisch zu emotionalen Überschwemmungen, die Regulation (Top-down) durch den Neokortex bzw. das DMN entfällt.

• • • ● • ● • • •

Mangelndes Sicherheitsgefühl

Das Salienznetzwerk (SN) nimmt zu viele Reize als bedrohlich wahr und hält den Körper in Alarmbereitschaft, indem es die aktivierenden Funktionen des Parasympathikus blockiert.

In einem Zustand mangelnder innerer oder sozialer Sicherheit ist es daher sehr schwierig, den ventralen Parasympathikus[3] zu aktivieren, der für Ruhe, Regeneration und Bindung zuständig ist, was zu einem anhaltenden Zustand der Übererregung und emotionalen Dysregulation führt.

• • • ● • ● • • •

Sekundäre Emotionen dominieren

Sekundäre Emotionen wie Wut dominieren und blockieren das ursprüngliche Bedürfnis nach Nähe und Unterstützung. Das DMN verstärkt negative Geschichten und automatisierte Denkmuster, die diese sekundären Emotionen nähren. Das Salience-Network (SN) bewertet bestimmte primäre Emotionen (z.B. Traurigkeit) als zu bedrohlich oder zu unangenehm, was zur Aktivierung von Abwehrmechanismen wie Wut führt.

Das CEN kann in dysfunktionalen Zuständen keine ausreichende Top-down-Regulation ausüben, so dass Abwehrmechanismen wie Wut oder Angst die Verarbeitung primärer Emotionen (wie Trauer) blockieren und das ursprüngliche Bedürfnis (z.B. nach Nähe oder Trost) unberücksichtigt bleibt.

Dies führt zu einer Fehlregulation von Emotionen, bei der sekundäre Emotionen das ursprüngliche, handlungsleitende Gefühl und das zugrunde liegende Bedürfnis verzerren oder unterdrücken.

• • • • • • • • • •

Flashbacks

Es gibt intensive, unverarbeitete Erinnerungen, die in Form von Flashbacks immer wieder auftauchen. Das DMN speichert die Erinnerung als unvollständig verarbeitet und hält sie als offene Schleife im System, wodurch die Erinnerung als gegenwärtig erlebt wird.

Das CEN hat Schwierigkeiten, die Erinnerung angemessen zu verarbeiten und als "vergangen" zu etikettieren, da die ständige Aktivierung des Salienznetzwerks (SN) und des DMN die Top-down-Verarbeitung und die notwendige emotional-regulierende Funktion des CEN überfordert.

Dies führt dazu, dass die emotionale Erinnerung immer wieder aktiviert wird und keine vollständige Integration und Verarbeitung im Gehirn stattfindet, was das emotionale Erleben und die Regulation beeinträchtigt.

In einem solchen Zustand erscheint eine neue Erfahrung - z.B. Mitgefühl, Verbundenheit, Fürsorge oder Selbstakzeptanz – zuerst nicht glaubwürdig. Sie wird als "inkonsistent", "falsch" oder sogar "gefährlich" wahrgenommen. Das System lehnt sie ab, noch bevor sie integriert werden kann.

· · · ● · ● · · ·

Es gibt also bestimmte Schritte zur Heilung, die das System des Menschen braucht, um eine Heilung überhaupt zuzulassen und nicht mehr kurzfristig aus einer vermeintlichen Gefahrensituation heraus zu agieren.

Eine neue Definition von Heilung

Heilung ist keine rein psychologische Einsicht.

Heilung ist neurobiologische Umstrukturierung.

Im Grunde muss der hier beschriebene Mechanismus, der immer wieder abläuft, unterbrochen werden. Das heißt, mit Hilfe von außen muss die alte Erfahrung neu bewertet werden.

Psychische Gesundheit ist kein Zustand, sondern eine Fähigkeit.

Sie ist die Fähigkeit, flexibel auf innere und äußere Reize zu reagieren - ohne von alten Mustern oder Erinnerungen überwältigt zu werden.

Psychische Gesundheit entsteht, wenn:

- das Nervensystem zwischen Anspannung und Entspannung regulieren kann,

- die Stress-Baseline wieder gesenkt wird,

- die Gegenwart von der Vergangenheit unterschieden werden kann,

- primäre Emotionen wahrgenommen und genutzt werden können,

- Sicherheit im Körper und in Beziehungen erlebt werden kann,

- das Gehirn alle drei Netzwerke (DMN, SN, CEN) im Gleichgewicht halten kann.

Die neue Erfahrung muss physiologisch und emotional "landen". Damit die neue Information im Fenster der Gedächtnisrekonsolidierung tatsächlich wirksam werden kann, braucht es bestimmte Voraussetzungen:

- *Der Sympathikus* muss zumindest teilweise herunterreguliert sein. Ohne diesen Schritt bleibt das Gehirn in einem hyperaktivierten Zustand, der die Fähigkeit zur emotionalen Regulation und zur Verarbeitung neuer relevanter Informationen blockiert.

- *Der Körper muss sich sicher genug fühlen,* um sich für etwas Neues zu öffnen. Der Körper muss sich in einem Zustand emotionaler Sicherheit befinden, um Zugang zum ventralen Parasympathikus zu erhalten, der mit Verbindung, Ruhe und Regeneration assoziiert wird. Wenn der Sympathikus und das Salienznetzwerk (SN) den Körper in Alarmbereitschaft halten, wird es schwierig, sich für neue Erfahrungen zu öffnen. Menons Modell zeigt, dass ein ausgeglichener Zustand der Netzwerke notwendig ist, um neue Erfahrungen wirklich zu integrieren.

• • • • ● • ● • • •

- *Das Salience-Network (SN) muss ausreichend aktiviert sein,* um zwischen innerer Geschichte und äußerem Reiz unterscheiden zu können und um das überaktive DMN herunterzukühlen. Wenn das Salience-Network (SN) aktiv ist, kann es helfen, das DMN zu beruhigen, das für Selbstreflexion und autobiographische Erinnerungen zuständig ist. Das DMN neigt dazu, alte, ungelöste Erinnerungen zu reaktivieren, die bei der Neukonsolidierung des Gedächtnisses als störend empfunden werden. Wenn das Salienznetzwerk (SN) jedoch, aktiviert durch Achtsamkeit, in der Lage ist, die Bedeutung äußerer Reize richtig einzuschätzen und innere Monologe zu reduzieren, wird es leichter, neue Interpretationen zuzulassen.

- *Das Executive Control Network (CEN)* muss aktiviert sein, damit eine neue Interpretation überhaupt in Betracht gezogen werden kann. Um eine neue Interpretation einer Situation zu ermöglichen, muss das CEN in der Lage sein, emotionale Reaktionen zu dämpfen und neue Perspektiven zu berücksichtigen. Das bedeutet, dass die Fähigkeit zur Top-down-Verarbeitung aktiviert werden muss, um die emotionale Reaktion in den richtigen Kontext zu stellen.

• • • ● ● ● ● • • •

- *Das CEN ist entscheidend für die emotional-kognitive Regulation* und wenn es aktiviert ist, können neue Informationen reflektiert und integriert werden, in Zusammenarbeit mit dem durch Achtsamkeit aktivierten SN. Ohne aktive exekutive Kontrolle kann die Erfahrung durch alte automatisierte Reaktionen blockiert bleiben, was die Integration neuer Interpretationen und Erfahrungen erschwert.

- *Das Zeitfenster der Rekonsolidierung* erfordert Präzision. Eine neue Erfahrung muss innerhalb von etwa fünf Stunden nach der Reaktivierung der alten Erinnerung angeboten werden. Und sie muss widersprüchlich genug sein, um eine Veränderung auszulösen. Und zwar sowohl inhaltlich als auch strukturell.

· · · ● · ● · ● · ·

Erst wenn dies gegeben ist, kann die neue Erfahrung - z.B. eine authentische, korrigierende Beziehungserfahrung - emotional gespeichert und in das bestehende Netzwerk integriert oder sogar als Ersatz für alte Überzeugungen verankert werden.

· · ● ● · ● · ● · ·

Eine neue Erfahrung allein, ein angebotener Widerspruch genügt nicht. Der Widerspruch muss wahrgenommen und gefühlt werden können.

Im Prozess der Gedächtnisrekonsolidierung reicht es nicht aus, einfach eine neue Information oder Perspektive anzubieten. Entscheidend ist, dass die neue Erfahrung der alten nicht nur inhaltlich, *sondern auch in ihrer neurobiologischen Struktur widerspricht.*

Nur dann kann sie tiefgreifend wirken - und zu einer dauerhaften Veränderung beitragen.

Das bedeutet: Die neue Erfahrung muss innerhalb eines begrenzten Zeitfensters (ca. fünf Stunden nach Reaktivierung der alten Erinnerung) stattfinden - und sie muss als zutiefst anders als die vorige erlebt werden. Nicht nur als "anderes Wissen", sondern als eine andere Art des inneren Erlebens.

$$\bullet \; \bullet \; \bullet \; \bullet \; \bullet \; \bullet \; \bullet \; \bullet \; \bullet \; \bullet$$

Inhaltlicher Widerspruch - die kognitive Ebene

Der inhaltliche Widerspruch bezieht sich auf die Bedeutung, die einer Erfahrung zugeschrieben wird.

Wenn jemand z.B. als Kind die Überzeugung entwickelt hat: "Ich bin nicht wichtig", dann kann eine neue Erfahrung wie echte Wertschätzung, Gesehenwerden oder Anerkennung dieser alten Überzeugung widersprechen.

Die neue Erfahrung bietet ein neues "Weltmodell": "Ich bin wichtig".

Das wäre ein inhaltlicher Widerspruch. Dieser ist wichtig - aber nicht genug.

· · · ● · ● · · ·

Der neurobiologische Widerspruch – die Ebene der Erfahrung

Was ebenfalls notwendig ist, ist ein *neurobiologischer Widerspruch* - die körperlich-emotionale Ebene.

Die ursprüngliche, belastende Erfahrung war oft verbunden mit: einem überaktiven Sympathikus (Stress, Kampf oder Flucht), einem hyperaktiven Default Mode Network (DMN) (grübelnder Selbstbezug, innere Geschichten), einem deaktivierten präfrontalen Kortex, bzw.

in seiner Wirksamkeit reduzierten CEN, (keine Regulation, kein Perspektivenwechsel), einem Gefühl von Isolation, Kontrollverlust und existenzieller Bedrohung.

Findet die neue Erfahrung jedoch in einem Zustand statt, in welchem soziale Verbundenheit spürbar ist, der Körper Sicherheit signalisiert, das Salienznetzwerk (SN) aktiviert ist (d.h. zwischen innen und außen unterscheidet) und der präfrontale Kortex (für Bewusstsein, Bewertung und Regulation) beteiligt bleibt, ... dann sendet das Nervensystem eine klare Botschaft: "Das ist wirklich neu. Und es ist sicher. Und ich darf mich jetzt anders fühlen".

Diese Art von Erfahrung widerspricht nicht nur dem alten Denken - sie fühlt sich anders an, sie ist auf der Ebene der Erfahrung selbst neu.

Für eine wirkliche Veränderung - also für eine erfolgreiche Neukonsolidierung des Gedächtnisses - *braucht es mehr als neue Gedanken.*

Es braucht, wie gesagt, eine neue Art, sich selbst, andere und die Welt im Körper zu erleben. Nur wenn das Neue gleichzeitig auf kognitiver, emotionaler und körperlicher Ebene als anders erfahren wird, kann es das Alte dauerhaft ersetzen oder transformieren.

Der Widerspruch zur alten Erinnerung muss spürbar sein - nicht nur vorstellbar. Deshalb ist die Verbindung von neuem Inhalt und neuer neurobiologischer Realität der Kern jeder tiefgreifenden Heilung.

• • • • ● • ● • • •

Am Beispiel von Phobien

Phobien entstehen häufig durch emotionale Lernerfahrungen, bei denen ein eigentlich neutraler Reiz (Maus) mit intensiver Angst assoziiert wird: Ein Kind erlebt eine Maus in Verbindung mit Angst, Ekel vor der Bezugsperson oder Kontrollverlust. Diese Erfahrung wird implizit gespeichert, d.h. außerhalb der bewussten Erinnerung, aber tief verankert.

Das sind Erinnerungen. Erinnerungen daran, wie man schon einmal tatsächlich unsicher war und die Kontrolle über die eigene Existenz völlig verloren hatte. Es sind Erinnerungen, die im therapeutischen Prozess gefunden und "rekonsolidiert" werden müssen, damit der Mensch von der Phobie heilen kann.

Die Tatsache, dass diese Erinnerungen existieren und dass sie in diesem Moment abgerufen werden, ist Teil des Default Mode Network (DMN).

Das Salienznetzwerk (SN) - Bewertet, was "wichtig" - also potentiell bedrohlich - ist. Das SN (der Hirnstamm ist Teil des SN) erkennt das Tier blitzschnell. Eine harmlose Maus wird durch konditionierte Angst zu einem hochrelevanten Reiz. Alarm wird ausgelöst, eine intensive Stressreaktion, hier wohl vor allem Flucht, auch wenn keine reale Gefahr besteht.

· · · ● · ● · ● · ·

Warum ist es nicht möglich, den Reiz rational zu bewerten? Mit Hilfe des Excekutivnetzwerks (CEN), das für die rationale Bewertung und Handlungssteuerung zuständig ist? Warum das unkontrollierte Schreien?

Im phobischen Zustand ist dieses Netzwerk von Angst überlagert - eine rationale Bewertung ist kaum möglich ("Ich weiß, dass die Maus harmlos ist - aber sie fühlt sich nicht so an"). Das ist entscheidend. *Es fühlt sich nicht so an!* Die Erinnerung wird nicht korrigiert, weil das Netzwerk, das den Input für eine Korrektur liefern könnte, in gewisser Hinsicht "ausgeschaltet" wird und nun nicht mehr zur Verfügung steht.

Bei jedem erneuten Kontakt mit dem Reiz wird dieses alte Netzwerk reaktiviert - einschließlich der körperlichen Stressreaktion (Herzrasen, Fluchtimpuls).

Wenn die Maus verschwunden ist, erreicht in guten Momenten die Bewertung des Neokortex nur mit bewusstem Denken nicht die Angsterinnerung. Sie bleibt erhalten und wirkt beim nächsten Mal weiter.

•••••••••••

Am Beispiel von Sucht (Alkohol)

Alkoholabhängigkeit ist kein Kontrollversagen, sondern ein neurobiologisch erlerntes Muster der Selbstregulation. Die Netzwerktheorie erklärt die Dynamik: welche Netzwerke dominieren und wie das Gleichgewicht kippt.

Alkoholabhängigkeit ist nicht einfach eine "Willensschwäche", sondern ein komplexer Prozess, bei dem Emotionsregulation, Lernprozesse und Netzwerkdynamiken im Gehirn eng miteinander verwoben sind. Die Kombination von neurofunktionellen Netzwerken und emotionalem Gedächtnis hilft, das Phänomen besser zu verstehen - und therapeutisch neu zu denken.

Bei Suchterkrankungen geraten zentrale Netzwerke aus dem Gleichgewicht. Das Default Mode Network (DMN) ist überaktiv, die Folgen sind starke Selbstfokussierung, Grübeln, emotionaler Schmerz ("Ich bin nicht gut genug", "Ich halte es nicht aus"). Alkohol dient dazu, diese unangenehme innere Aktivität zu dämpfen.

Der Alkohol übernimmt also die Aufgabe, das DMN "zu regulieren". Mit der Zeit entsteht ein gelernter Zusammenhang: Unruhe → Trinken → Erleichterung. Das Gehirn lernt: Alkohol = Beruhigung.

• • • ● • ● • • •

Das exekutive Netzwerk (CEN) hätte die Aufgabe und wäre bei ausreichender Aktivierung auch in der Lage, als falsch erkannte Impulse zu hemmen bzw. zu kontrollieren. Es plant und wägt ab und ist bei ausreichender Aktivierung in der Lage, das sechste Bier zu verhindern.

Bei wiederholtem Konsum wird das CEN jedoch geschwächt - insbesondere in belastenden Situationen. Die Fähigkeit zur "inneren Distanz" nimmt ab - man reagiert impulsiv, unreflektiert.

Sucht ist ein emotional verankertes Lernmuster. Durch viele Wiederholungen entstehen implizite Gedächtnisspuren wie: "Alkohol hilft mir runterzukommen". "Nur mit Alkohol kann ich ich selbst sein". "Ohne Alkohol bin ich unsicher".

Diese Spuren sind oft unbewusst, aber tief eingebrannt. In Stresssituationen greift das Gehirn auf das "bewährte" Muster zurück, auch hier wird die steuernde Funktion des CEN ausgeschaltet. Das Verhalten wird nicht willentlich gesteuert, sondern automatisch aus dem emotionalen Gedächtnis aktiviert.

• • • ● • ● • • •

Am Beispiel von Trauma

Die Traumareaktion ist keine Überreaktion oder Schwäche, sondern eine logische, neurobiologisch erklärbare Schutzreaktion des Gehirns auf eine extreme Bedrohung oder ein überwältigendes Erlebnis. Bei einem Trauma befindet sich das Gehirn gewissermaßen in einem Ausnahmezustand.

Das DMN ist nach einem Trauma häufig überaktiv, insbesondere der "innere Pessimist", der negative Teil des DMN. Chronisch negative Selbstbilder werden, wie oben beschrieben, aktiviert, es kommt zu chronischer Angst und chronischem Grübeln.

Die Gedanken kreisen oft um sekundäre Emotionen wie Schuld, Scham, Kontrollverlust. Das Ereignis wird immer wieder durchgespielt. ("Ich hätte ...", "Ich habe Unrecht", "Ich bin schuld"). Traumatische Erinnerungen können sich im DMN wie in einem inneren Drehbuch einschreiben - immer abrufbar.

In der Folge beginnt das SN, viele Reize, die auch nur entfernt an das ursprüngliche Ereignis erinnern, als zu wichtig anzusehen. Zu vieles wird als zu bedrohlich wahrgenommen. Bei einer Traumatisierung ist dieses Netzwerk (SN) übersensibilisiert - schon kleine Auslöser (Geräusche, Gerüche, Blicke) werden als bedrohlich bewertet und führen zu entsprechenden Reaktionen.

• • • • • • • • • •

Es entsteht eine Hypervigilanz - der Körper ist in ständiger Alarmbereitschaft ("Gefahr!"), obwohl objektiv keine Bedrohung vorliegt. Die Stressreaktionen werden nie mehr wirklich abgeschaltet, man erholt sich nicht mehr und ist weder physiologisch noch psychologisch in der Lage zu heilen.

Das Exekutivnetzwerk (CEN) wäre zuständig für rationales Denken, Problemlösung, Selbstregulation. Es könnte erkennen, dass die Gefahr längst vorüber ist und die Bildung einer neuen Gedächtnisspur einleiten. Es wird in einer akuten Traumareaktion abgeschaltet - das Überlebenssystem (Amygdala und Co.) übernimmt die Kontrolle.

Daher erscheinen den Betroffenen ihre Reaktionen im Nachhinein oft "irrational", obwohl sie im Moment biologisch sinnvoll waren.

· · · ● · ● · · ·

Traumatische Erfahrungen werden häufig nicht im expliziten, narrativen Gedächtnis gespeichert, sondern implizit - als Körpergefühl, Bild, Ton oder intensiver Affekt. Sie sind oft nicht bewusst abrufbar, sondern wirken wie ein "unsichtbarer Speicher im Nervensystem".

Wenn das ursprüngliche Erlebnis emotional sehr intensiv war, bleibt es unverändert im Gedächtnis - es wird bei geeigneten Auslösern (Triggern) reaktiviert, als wäre es jetzt.

· · · ● · ● · · ·

Diese Reaktivierung erfolgt nicht reflektiert, sondern bottom-up: Das Erleben springt direkt in den alten Zustand zurück - Flashback, Dissoziation, Erstarrung, Wut, Weinen. Dies erklärt, warum ein scheinbar harmloser Reiz (z.B. ein bestimmter Tonfall oder Geruch) eine massive Reaktion auslösen kann: Das Gehirn hat die Szene als lebensbedrohlich kodiert.

Die Traumareaktion ist ein biologisch sinnvoller Mechanismus, der schützt - aber auch gefangen hält.

• • • • • • • • • •

1. Dieses Netzwerk wird manchmal auch als Standardnetzwerk oder imaginäres Netzwerk bezeichnet.

2. "Salienz" ist ein Begriff, der vor allem in der Psychologie, der Wahrnehmungsforschung und den Kognitionswissenschaften verwendet wird. Er beschreibt die Auffälligkeit oder Hervorhebung bestimmter Merkmale oder Aspekte einer Wahrnehmung im Vergleich zu anderen. Wenn etwas besonders "salient" ist, bedeutet dies, dass es besonders auffällt oder hervorsticht und dadurch mehr Aufmerksamkeit auf sich zieht.

3. Porges, 2018

DIE ANWENDUNG

Ich erläutere hier die Anwendung der Gedächtnisrekonsolidierung und der Netzwerktheorie am Beispiel einer Trance zur Heilung von Phobien.

Hypnose als Instrument der Heilung ist für den Prozess der Gedächtnisrekonsolidierung besonders geeignet, weil sie den Zugang zu emotional besetzten Gedächtnisinhalten erleichtert und die Vorstellung neuer Bedeutungsstrukturen fördert.

Grundsätzlich ist aber jedes Verfahren geeignet, das die vorgestellten neuronalen Strukturen kennt und umsetzt.

Der Code für das korrekte Verfahren wurde bereits in Kapitel 2 dargestellt. Er wird hier in Stichworten wiederholt.

Schritt 1: Reaktivierung

- *Ziel:* Die alte, gespeicherte Erinnerung wird aktiviert und emotional erfahrbar gemacht.

- *Wie:* Durch gezielte Erinnerung, Imagination oder Konfrontation mit dem auslösenden Reiz.

· · · ● · ● ● · ·

Schritt 2: Destabilisierung ("Mismatch erzeugen")

- *Ziel:* Die neuronale Struktur der "alten" bzw. entscheidenden Erinnerung wird überschrieben.

- *Wie:* Durch Erzeugung eines Fehlers oder einer Erwartungsverletzung - das Erwartete tritt nicht wie gewohnt ein.

· · ● · ● ● · ·

Schritt 3: Rekonsolidierung

- *Ziel:* Das Gedächtnis wird mit neuen Inhalten oder neuen emotionalen Bedeutungen überschrieben und stabilisiert sich neu.

- *Wie:* Durch gezieltes Einfügen neuer emotionaler Erfahrungen, Interpretationen oder Sichtweisen, während das alte Gedächtnis noch offen ist.

• • • ● • ● • • •

Das Vorgehen

Bevor ein Thema reaktiviert werden kann, muss es natürlich gefunden und beschrieben werden. Dies ist der Schritt der Symptomidentifikation.

. . . ● ●.● ●.● ● . .

Symptomidentifikation

Der erste Schritt ist das, was Ecker[1] u.a. "Symptomidentifizierung" genannt haben. Der Klient, die Klientin hat ein Ziel, ein Problem, ein Anliegen. Das ist das "Symptom".

Hier am Beispiel der Mäusephobie, das Symptom ist klar benennbar und klar eingrenzbar. Die phobische Reaktion auf den Anblick einer Maus soll verändert werden.

Dies kann beispielsweise in einem klärenden Gespräch zu beginn der Stunde geschehen, oder in einem Kurs, einfach indem das entsprechende Produkt erworben wird.

. . . ● .● ●.● ● . .

Reaktivierung des Themas

Das bedeutet, der Klient, die Klientin muss die Mäusephobie in einer aktuellen, gegenwärtigen Situation emotional erleben.

Wichtig ist: Der Klient muss das Symptom *assoziiert emotional erleben. Wenn sie dissoziiert emotional erlebt wird, funktioniert das Verfahren nicht.*

Die Gefahr dieses Schrittes ist, dass der Klient dabei emotional überwältigt wird. Dass sein Toleranzfenster für diesen Schritt nicht ausreicht und erneut eine Stressreaktion ausgelöst wird, was retraumatisierend wirken kann.

Die Folgen eines Abbruchs oder gar einer Verweigerung der Behandlung einer Mausphobie sind zwar unangenehm, aber oft nicht katastrophal.

Im Fall von sexuellem Missbrauch oder erlebter Folter, sowohl physisch als auch psychisch, oder schweren Formen emotionalen Missbrauchs kann dieser Schritt jedoch unendliche therapeutische Kunst erfordern, Expert:innen sprechen hier von Jahren.

In der Anwendung mit Hypnose werden entsprechende Suggestionen gegeben. Beispiel: Der Klient hat jederzeit die volle Kontrolle, hat jederzeit das Recht, die Behandlung abzubrechen usw.

In Hypnose muss zudem zuerst eine Suggestion gegeben werden, die das Wiedererleben des aktuellen Themas erträglich macht.

Ein Beispiel wäre die Suggestion:

Lass mich Dir etwas sagen. Erstens: Wenn wir es nicht schaffen, zu einer Szene zurückzukehren, dann liegt das daran, dass wir irgendwo in unserem Kopf denken: "Oh, ich habe wirklich Angst vor dem, was jetzt kommt", oder "Ich habe wirklich Angst, dass ich alles noch einmal durchleben muss, wenn ich zu dem schlimmen Moment zurückkehre".

Aber man kann eine Szene nicht noch einmal durchleben, man kann sie nur noch einmal durchgehen.

Was immer ich wieder erlebe, ist mir bereits passiert und ich habe es verarbeitet. Jetzt beschäftige ich mich nur noch mit den Folgen. Ich werde es wiederholen, sogar mit Faszination, aber ich werde es nie wieder erleben.

Und Du verstehst das Wichtigste über Dein Unterbewusstsein: Es tut, was es denkt, dass Du willst. Dein Unterbewusstsein tut, was es glaubt, dass Du willst. Und jetzt, da Du das weißt und verstehst, lässt Du Deinen Verstand mit Präzision, Genauigkeit und Klarheit wissen, dass das, was Du wirklich, wirklich willst, worauf Du absolut bestehst, was Du absolut, absolut von Dir verlangst, ist, Dich mit Mäusen absolut wohl zu fühlen.

• • • •• • •• • • •

In diesem Beispiel wird gezeigt, wie das Default Mode Network (DMN) Erinnerungen und Selbstbezüge aktiviert, während das Salienznetzwerk (SN) die Bedrohung in der alten Szenen als relevant markiert und damit Rückkehr und Integration zunächst blockiert.

Durch die Neubewertung ("ich erlebe nicht wieder, ich gehe durch") wird die emotionale Bedeutung herunterreguliert, so dass das Salienznetzwerk (SN) weniger Alarm schlägt und das Central Executive Network (CEN) die bewusste Kontrolle und Neuprogrammierung der Erfahrung übernehmen kann.

• • • • ● • ● • • •

Wenn der Klient sicher ist, dass er die gegenwärtige Erfahrung und auch die vergangene Erfahrung wieder erleben kann, dann kann das Symptom wieder hervorgeholt werden. Dies ist die eigentliche Reaktivierung des Themas.

Ein Beispiel wäre:

Atme jetzt langsam und tief. Lass Deinen Körper mit jedem Atemzug mehr und mehr entspannen... Öffne Dich für diesen Prozess, in dem Du entdecken wirst, dass Deine Angst vor Mäusen viel tiefere Wurzeln hat, als es in der gegenwärtigen Situation den Anschein hat... Fühle Dich mehr und mehr als ein friedvolles und weites Gewahrsein, das jeder Emotion, jedem Gefühl und jedem Gedanken erlaubt, wirklich zu sein, sich zu entfalten und sich voll auszudrücken; ein Gewahrsein, das alles friedlich und ohne Widerstand enthalten kann, einfach weil es weit genug ist...

Du bist wahrscheinlich daran gewöhnt, Dich mit dieser Angst entweder zu identifizieren oder sie zu verurteilen, aber erlaube Dir jetzt, sie vollständig und tief zu fühlen, ohne zu urteilen oder zu reagieren; erlaube ihr, sich zu entfalten, um sie wirklich kennen zu lernen... Atme also in die Angst hinein, fühle sie tief, bewege Dich in ihre Tiefe...

In diesem Beispiel wird durch die bewusste Hinwendung zum inneren Erleben zunächst das Default Mode Network (DMN) aktiviert, das für den Selbstbezug und das autobiographische Bewusstsein zuständig ist, während das Saliznetzwerk (SN) die emotionale Bedeutung der Angst sichtbar macht, ohne sie sofort als Bedrohung abzuwehren.

Durch die Anleitung, die Angst wertfrei zuzulassen und sich ihr zu öffnen, wird die Überreaktion des SN gezielt beruhigt und die Regulation zunehmend an das zentrale exekutive Netzwerk (CEN) übergeben. Das Netzwerk, welches bewusstes Fühlen, Reflektieren und Umstrukturieren unterstützt.

So entsteht ein innerer Zustand, in dem Angst nicht mehr impulsiv kontrolliert wird, sondern verarbeitet werden kann.

• • • • ● • ● • • •

Dann muss die entscheidende Erinnerung gefunden werden, die die Phobie bis heute auslöst.

Es hat sich als nützlich erwiesen, ist aber kein notwendiger Teil des Verfahrens, die erste oder "ursprüngliche" Erinnerung zu finden und zu bearbeiten. Es ist ein zusätzlicher Schritt, der sich in der Praxis bewährt hat, aber kein *notwendiger* Schritt des Verfahrens.

Auch ist es wichtig zu wissen, dass das Gehirn nur so viel freigibt, wie es glaubt verarbeiten zu können. Es kann also sein, dass nach dem Zwiebelprinzip gearbeitet werden muss, sozusagen Schicht für Schicht an Erinnerung abgetragen wird.

Eine Erinnerung besteht nicht aus einem einzelnen Bild oder Ton, sondern aus einem ganzen Netzwerk von Bedeutungen, die miteinander verwoben sind. Also muss ein Aspekt der gegenwärtigen Erinnerung genommen werden und mit diesem wird in die Vergangenheit zurück gegangen.

Es kann sinnvoll sein, wenn das möglich ist, mit dem Klienten abzuklären, was das ist, was ihr an der Maus solche Angst macht.

• • • ● • ● • ● • •

Ein Beispiel:

- Im Fall der Mäusephobie könnte es eine Erinnerung sein, wo man entsetzliche Angst hatte und gleichzeitig eine Maus gesehen hat. Vater und Mutter stritten sich, Vater schlug Mutter, ich starrte hypnotisiert auf das Geschehen und in diesem Moment lief eine Maus durch die Küche. Das Gehirn (DMN) hat eine Kausalität geschaffen, die es nicht gibt.

- Oder: Meine Mutter hatte eine Mäusephobie und ich habe sie ein paarmal sehr laut schreien hören, wenn sie eine Maus sah.

- Oder: Mäuse sind klein, aber unkontrollierbar. Sie könnte mich anspringen. In diesem Fall könnte man auch mit dem Gefühl des Kontrollverlustes arbeiten. Hat Dich schon einmal etwas oder jemand unkontrolliert angesprungen?

- Oder: Wir lebten auf einem kleinen Hof, wir waren sehr arm und in der Speisekammer gab es immer Mäuse. Einmal fand ich eine tote Maus im Mehl und ekelte mich, ich konnte wochenlang nichts mehr richtig essen. In diesem Fall könnte man mit Scham (Armut), Ekel (Maus) weiterarbeiten.

· · · · ● · ● · · ·

Hier wird mit dem Gefühl der Angst gearbeitet, das mit der Maus assoziiert ist. Dies wäre eine Frage nach der intensivsten Szene, nicht die Frage nach der ursprünglichen Szene.

Lass nun einen bestimmten Moment erscheinen, in dem diese Emotion am stärksten gefühlt wird. Lass diesen Moment von selbst auftauchen, ohne Kontrolle oder bewusste Wahl. Fühle die Emotion, wie sie in der Szene erscheint. Was siehst du? Wo bist du?... Beschreibe, was Du während dieses Ereignisses fühlst, denkst und erlebst...

In diesem Beispiel aktiviert das freie Auftauchen lassen eines emotionsgeladenen Moments vor allem das Default Mode Network (DMN), das Erinnerungen und Selbstbilder organisiert und den inneren Erlebnisraum öffnet.

Das Sali`nznetzwerk (SN) bewertet die auftauchenden Emotionen als bedeutsam und bringt sie ins Bewusstsein, während die Anleitung zur reinen Beobachtung und Beschreibung eine Überaktivierung des SN verhindert und die Regulation zunehmend vom zentralen Exekutivnetzwerk (CEN) übernommen wird.

Auf diese Weise entsteht ein Zustand, in dem das emotionale Gedächtnis differenziert erlebt und neu integriert werden kann, ohne durch alte automatische Reaktionsmuster verzerrt zu werden.

· · · ● ●● ● ● ··

Hier ein Beispiel, wo die erste oder ursprüngliche Szene gesucht wird.

Atme jetzt einfach einmal tief ein und aus, atme ruhig ein und aus und erlaube Deinem brillanten Geist, Deinem genialen Geist, genau zu erkennen, was die Ursache, der Grund, der Ursprung Deiner Angst oder Deiner blockierenden Gedanken im Zusammenhang mit Mäusen ist.

Während ich spreche, sucht und findet Dein brillanter, genialer Geist bereits eine Szene, einen Ort, ein Ereignis oder einen Moment, der absolut die Ursache Deiner Mäusephobie ist.

Dein Verstand findet sie, macht sie bereit, in Dein Bewusstsein zu treten, während Du zur Zahl fünf zurückdriftest · zu einer Szene, einem Ort, einem Ereignis oder einem Moment, der der Auslöser, die Wurzel Deiner Angst vor Mäusen ist.

Bei der Zahl vier wirst Du jünger, kleiner, leichter, kürzer · Du gehst zurück, um den Ursprung Deiner Angst zu entdecken.

Bei der Zahl drei ... bei der Zahl zwei ... wirst Du noch jünger, kleiner, leichter, kürzer · Jahre, Monate, Wochen, Tage schälen sich einfach aus Deinem Geist.

Du driftest jetzt ganz leicht zurück · einfach da sein, einfach geschehen lassen.

Und während ich mit den Fingern schnippe, ist es, als würdest Du einen Fernseher einschalten: Ein Bild taucht auf, springt vor Dein inneres Auge, füllt Deinen Geist · und Du bist mittendrin.

Wenn ich Dir jetzt eine Frage stelle, weißt Du sofort die Antwort.

In dieser Szene, in der Du Dich gerade befindest: - Ist es Tag oder Nacht?

Bist Du drinnen oder draußen? Bist Du allein oder ist jemand bei dir? Und wie alt bist Du ungefähr in dieser Szene? Und die wichtigste Frage: Was machst Du gerade? Was siehst du? Was fühlst du?

Was erlebst du? Ich möchte, dass Du das fühlst, was Du damals gefühlt hast. Sieh, was Du gesehen hast. Höre, was Du gehört hast.

Und während ich bei der Zahl drei wieder mit den Fingern schnippe, öffnen sich Deine Ohren ganz weit, und Du kannst genau hören, was damals gesagt wurde - auf eins, zwei und drei ... Hier ist es: Du hörst, was um Dich herum, über Dich oder zu Dir gesagt wird - etwas, das Deine Angst vor Mäusen beeinflusst hat.

Bleib einfach in dieser Szene und beobachte, was passiert.

In diesem Beispiel wird das Default Mode Network (DMN) gezielt angesprochen, indem die Suche nach einer Urszene und die Rückkehr zu früheren autobiographischen Erinnerungen initiiert werden, wobei der Fokus auf inneren Bildern, Gefühlen und Wahrnehmungen liegt.

Das Saliennznetzwerk (SN) ist dafür verantwortlich, auftauchende emotionale Relevanz - wie Angst, Unsicherheit oder Überraschung - zu erkennen und hervorzuheben, während gleichzeitig das zentrale Exekutivnetzwerk (CEN) durch ruhige Führung und schrittweises Vorgehen aktiviert wird, um bewusst und kontrolliert durch die Szene zu navigieren.

Dadurch entsteht ein Zustand, in dem tief verankerte emotionale Erfahrungen ohne Überwältigung bewusst gemacht und für eine spätere Rekonsolidierung vorbereitet werden.

• • • ● • ● • • •

Destabilisierung ("Mismatch" erzeugen)

In diesem Beispiel wird der Mismatch erzeugt, ohne dass inhaltlich gearbeitet wird.

Also nicht: Mäuse sind harmlos, sondern die mit Mäusen assoziierte Emotion wird durch den Ausdehnungsprozess verändert.

Fühle tief das Gefühl der Angst vor Mäusen. Bewege Dich in Richtung seines Zentrums, in seinen tiefsten Kern. Versuche, es auszusprechen – wie fühlt es sich an? Suche nach einem Bereich im Körper, der am stärksten damit verbunden ist...

Fühle nun die Emotion, die Du damals empfunden hast, in der damaligen Szene. Atme in diese Emotion hinein und lasse sie immer mehr expandieren. Lass diese expandierte Emotion Deinen gesamten Körper und Dein Sein erfüllen. Atme weiter und dehne diese Emotion aus, weiter und weiter.

Wie fühlt sie sich jetzt an?

Atme weiter in diese Emotion, bis sie sich ganz ausgedehnt und so wunderbar leicht und frei anfühlt.

Dieses Beispiel führt zunächst zur Aktivierung des Default Mode Network (DMN), indem das autobiographische Gedächtnis und die Selbstwahrnehmung der Angst in den Vordergrund gerückt werden, während das Saliencznetzwerk (SN) die körperliche und emotionale Intensität lokalisiert und stärker ins Bewusstsein rückt.

Durch die bewusste und kontrollierte Ausdehnung des Gefühls und die gezielte Lenkung der Atmung wird das zentrale Exekutivnetzwerk (CEN) zunehmend einbezogen, um die emotionale Energie zu modulieren, anstatt sich von ihr überwältigen zu lassen.

So entsteht ein Zustand, in dem Angst nicht mehr als Bedrohung, sondern als frei fließende Erfahrung neu kodiert werden kann.

$$\bullet \; \bullet \; \bullet \; \mathbf{\bullet} \; \mathbf{\bullet}\mathbf{\bullet} \; \mathbf{\bullet} \; \bullet \; \bullet \; \bullet$$

Hier ein Beispiel, bei welchem inhaltlich gearbeitet wird:

Du kannst etwas hören.

Du kannst Dich sogar an die Gedanken erinnern, die Dich aus irgenDeinem Grund glauben ließen, dass Mäuse gefährlich oder beängstigend sind.

Und das stimmt einfach nicht.

Noch einmal:

Du hast diese Entscheidung aufgrund der Lebenserfahrung eines kleinen Kindes getroffen.

Und diese Überzeugung hilft Dir heute nicht mehr weiter.

Du brauchst sie nicht mehr.

In diesem Beispiel wird das Default Mode Network (DMN) aktiviert, indem frühere Überzeugungen und kindliche Interpretationen aus dem autobiographischen Gedächtnis ins Bewusstsein gerufen werden, während das Salienznetzwerk (SN) die emotionale Bedeutung dieser alten Gedanken neu bewertet.

Durch die klare Aussage, dass diese Überzeugungen heute nicht mehr gültig sind, wird das zentrale exekutive Netzwerk (CEN) gestärkt, um eine bewusste kognitive Neubewertung und emotionale Entkopplung einzuleiten.

Auf diese Weise wird die alte, angstbesetzte Netzwerkstruktur destabilisiert und Raum für eine neue, erwachsene Interpretation geschaffen.

· · · · ● · ● · · · ·

Ein weiteres Beispiel für inhaltlichen Mismatch:

Das ist Dein erleuchtender Moment, wenn Du mit Deinem erwachsenen Verstand auf die Szene schaust und erkennst:

"Oh ja, ich habe diese Entscheidungen getroffen, diese Schlüsse gezogen, als ich ein Kind war". Du warst einmal ein abhängiges Kind - als Kind warst Du abhängig von der Liebe, der Fürsorge und dem Schutz der Menschen, die Dich aufgezogen haben.

Aber jetzt bist Du erwachsen.

In diesem Beispiel wird das Default Mode Network (DMN) aktiviert, indem es zum Nachdenken über frühere kindliche Überzeugungen aufgefordert wird. Es erschafft einen Bezug zum Selbst über die Zeit hinweg. Das Saliyenznetzwerk (SN) wird in dem Moment aktiv, in dem die emotionale Bedeutung dieser Kindheitsmuster erkannt und innerlich als "nicht mehr passend" markiert wird, wodurch eine affektive Entkopplung ermöglicht wird.

Durch die klare Gegenüberstellung von Vergangenheit und Gegenwart tritt das zentrale Exekutivnetzwerk (CEN) in Aktion, um eine kognitive Neubewertung vorzunehmen und die Erwachsenenperspektive als stabile Steuerungsinstanz zu verankern.

$$\cdot \cdot \cdot \bullet \bullet \bullet \bullet \bullet \cdot \cdot$$

Hier ein letztes Beispiel:

Wasche aus diesem erweiterten Zustand Deinen Körper, Deine Emotionen, Deine Gedanken und Dein ganzes Wesen mit Licht... Bitte Deinen Körper-Geist-Komplex, sich auf diesen Zustand auszurichten: "Verwandle Dich in das Licht dieses erweiterten Zustandes!"

Fühle nun, dass dieser Zustand auch ein riesiger, sicherer Behälter ist, in dem alle Ängste entstehen und vergehen können. In diesem Gefäß kannst Du alle alten Ängste und Verwirrungen klären und auflösen, die Dich bisher von innerer Ruhe und Freiheit im Umgang mit Mäusen ferngehalten haben.

Aus diesem Zustand heraus betrachte tief die letzte Schicht der Angst, die noch in Dir ist, kurz bevor Du den neutralen Zustand erreichst.

Untersuche, was die wahre Quelle dieser Angst ist... Was hast Du wirklich in der Situation gesucht, die diese Angst ausgelöst hat?

Untersuche weiter, bis die tiefe Realität dieser Emotion völlig klar wird... Betrachte von diesem Zustand aus die mittlere Schicht der Angst.

Das Beispiel vertieft den Zugang zum Default Mode Network (DMN), indem er eine innere Selbstbeobachtung und eine symbolisch-spirituelle Neuausrichtung ("Licht", "erweiterter Zustand") anregt, die das autobiografische Selbstbild in einem transformativen Kontext neu strukturiert.

Das Salienznetzwerk (SN) erkennt in den verbliebenen Angstschichten weiterhin bedeutsame emotionale Inhalte, wird dabei jedoch nicht durch Alarmreaktionen aktiviert, sondern durch das Gefühl von Sicherheit und Weite in seiner Reaktivität moduliert.

Schließlich wird das Zentrale Exekutivnetzwerk (CEN) genutzt, um eine bewusste kognitive Differenzierung zwischen den verschiedenen Schichten der Angst vorzunehmen und die tiefste emotionale Wahrheit klar zu erkennen – ein Akt gezielter emotionaler Integration und neuronaler Rekodierung.

$$\bullet \cdot \bullet \cdot \bullet \cdot \bullet \cdot \bullet \cdot \bullet \cdot \bullet \cdot \bullet \cdot \bullet$$

Tilgen und/oder Modifizieren mit Neuem

Erkenne, was die Quelle der Unsicherheit und des Unbehagens ist... Frage Dich: Was hast Du in diesem Moment wirklich gebraucht? Wonach hast Du gesucht? Bleibe in diesem Zustand, bis diese Wahrheit klar wird...

Betrachte nun aus diesem erweiterten Zustand heraus die oberflächlichste Schicht der Angst, vielleicht den ersten Schreckmoment, das erste Zögern...

Untersuche, was diesen Moment wirklich schmerzhaft gemacht hat...

Finde heraus, was Du tief in Dir gesucht hast... und lass diese Erkenntnis Dich befreien.

Wasche Deinen Körper, Deine Emotionen, Deine Gedanken und Dein ganzes Wesen noch einmal mit Licht...

Bitte Deinen Körper-Geist-Komplex, sich auf diesen Zustand auszurichten: Verwandle Dich in das Licht dieses erweiterten Zustandes!

Richte Dich nun auf das ursprüngliche Ereignis oder ähnliche Situationen aus:

Wie möchtest Du von nun an reagieren, wenn Du einer Maus begegnest?

Wie möchtest Du handeln?

Wie möchtest Du Dich fühlen?

Schließlich kodiere Deinen Körper-Geist-Komplex auf diese neue, kraftvolle Handlungsweise: "Richte Dich auf diese neue Handlungsweise aus!"

Drücke Deine Dankbarkeit aus - für die alte Angst, die Dir schließlich geholfen hat, neue Energie freizusetzen, Deine innere Stärke zu entdecken und Dein wahres Selbst weiter zu entfalten.

Erinnere Dich: Dieser erweiterte Zustand ist nicht nur Deine Quelle für Heilung und Einsicht - er ist auch Dein wahres Zuhause.

Du kannst Dich dafür entscheiden, mit diesem Gefühl von Freiheit und Kraft in Deinem Herzen auch im Alltag verbunden zu bleiben.

Tauche noch einmal tief in diesen Zustand ein, um Dich zu erneuern und zu stärken... und öffne dann langsam und sanft Deine Augen.

Das Beispiel führt zunächst in einen introspektiven Zustand, in dem das Default Mode Network (DMN) aktiviert wird, um die tiefer liegenden Bedürfnisse und unbewussten Motive hinter der Angst zu erforschen - es wird also eine innere Erzählung rekonstruiert.

Gleichzeitig erkennt das Salienznetzwerk (SN) die ursprüngliche emotionale Relevanz der Erfahrung, ermöglicht aber durch den Übergang in einen erweiterten, ressourcenreichen Zustand eine bewusste Neubewertung dieser emotionalen Markierung.

Schließlich übernimmt das zentrale exekutive Netzwerk (CEN) die Integration, indem es eine neue emotionale Reaktionsweise formt und bewusst im Selbstbild verankert - ein aktiver Umcodierungsprozess, bei dem die Angst in eine Ressource umgewandelt wird.

$$\cdot \cdot \cdot \cdot \bullet \cdot \bullet \cdot \bullet \cdot \cdot \cdot$$

Hier ein Beispiel wo inhaltlich gearbeitet wird:

Du bist nicht mehr dieses Kind. Und Du wirst es nie wieder sein. Für den Rest Deines langen, mutigen, von innerer Freiheit erfüllten Lebens wird es nie mehr notwendig, relevant oder angemessen sein, die alten Ängste vor Mäusen zu fühlen.

Es wird Dich auch nicht mehr interessieren, die alten Gedanken eines Kindes zu denken oder die alten Gefühle eines Kindes zu fühlen. All das kannst Du jetzt loslassen.

Während Du verstehst, was Dich damals beeinflusst, geprägt und geformt hat, erkennst Du gleichzeitig, dass Du es jetzt loslassen kannst. Du kannst Freiheit einladen, Vertrauen einladen, Leichtigkeit einladen.

Denn egal, was damals passiert ist - Du bist absolut sicher. Du bist frei.

Du brauchst keine Angst mehr zu haben, Du brauchst nichts mehr zu tun, um Dich sicher zu fühlen - die Sicherheit ist schon in Dir.

Schon im Mutterleib wusstest Du, dass Du wichtig bist, dass für Dich gesorgt wird, dass alles da ist, was Du brauchst.

Und ab heute kannst Du genau dieses Gefühl in Dir reaktivieren, neu erschaffen, neu aufleben lassen - für immer.

Du bist sicher. Du bist stark. Du bist frei.

Und wenn Du willst, kannst Du diese Aufnahme oder diese Worte jeden Tag wiederholen, um all die alten Überbleibsel aufzulösen - das, was ich "unerledigte Dinge" nenne.

Du machst das großartig. Fühle Dich stark, fühle Dich wunderbar, fühle Dich frei, fühle Dich bereit und so sehr wertvoll.

Das Beispiel aktiviert das Default Mode Network (DMN), das für das autobiographische Gedächtnis und die narrative Selbstverknüpfung zuständig ist, indem er auf frühere Überzeugungen zurückgreift. Das Salienznetzwerk (SN) erkennt die emotionale Bedeutung dieser alten Überzeugung ("Mäuse sind gefährlich") und markiert sie als veraltet, wodurch eine kognitive Dissonanz entsteht.

Durch die klare und bewusste Neubewertung ("Du brauchst sie nicht mehr") wird schließlich das zentrale exekutive Netzwerk (CEN) aktiviert, um eine top-down gesteuerte Umspeicherung einzuleiten - die Grundlage für eine dauerhafte Veränderung des emotionalen Bedeutungskontextes.

---

1. Ecker, 2016

ABSCHLUSS

Den Schrei beim Anblick der Maus habe ich nie vergessen.

Kurz nach diesem Schrei zog ich aus der damaligen Untermiete aus und sah die Psychotherapeutin mit der Mäusephobie nie wieder. Sie spielte in meinem Leben keine Rolle mehr.

Aber, auch wenn die Erinnerung mit den Jahren verblasste und der Schrecken, den ich damals empfand, verschwand, so hatte dieser Schrei doch etwas Existentielles, das mein Leben prägte.

• • • ● • ● • • •

Abbildung 29: Der existentielle Schrei.

• • • ● ●• ● •• • •

Es war der Schrei derer, denen man mit den Mitteln der 80er Jahre des letzten Jahrhunderts nicht helfen konnte. Und in diesem Sinne war es auch mein Schrei.

Man konnte nicht oder nicht so helfen, wie man wollte, nicht weil man nicht wollte, sondern weil die Modelle, auf denen die Interventionen basierten, neurobiologisch falsch waren. Sie entsprachen nicht der Funktionsweise des Gehirns.

• • • ●• ● •• • •

Heute wissen wir: Es gibt keine verdrängten Erinnerungen, es gibt kein Unbewusstes wie einen Keller, in den man geht, um ein Buch aus der moderndn Bibliothek zu holen, oder in einer moderneren Metapher ausgedrückt: Wir haben keine Festplatte im Schädel.

Wir haben auch keinen kleinen Diktator hinter der Stirn, der mit Wille und Vernunft ausgestattet ist und zusammen mit einem ebenso rationalen und vernünftigen Therapeuten die Ursache seiner Angst findet und sie dann rational und vernünftig beherrscht.

Aber wir tun immer so, als wäre das so, im Alltag und in der Therapie. Mäuse sind harmlos, Schatz. Willst Du wirklich noch ein Bier - aber Du weißt, dass es Dir schadet. Wie wäre es, wenn Du morgen mit der Bulimie aufhörst - Du weißt, warum Du es tust, oder? Kannst Du es endlich in den Griff bekommen? Schokolade macht dick, weißt Du, warum machst Du nicht ab morgen die neueste Diät, nur mit Gemüse und Kartoffeln, dann verlierst Du in drei Wochen 20 Pfund. Und wenn Du mein Kommunikationsbuch kaufst, wirst Du Dich nie wieder mit Deinem Partner streiten.

$$\bullet \; \cdot \; \bullet \; \cdot \; \bullet \; \bullet \; \bullet \; \bullet \; \cdot \; \cdot$$

Wir leben in einer Welt, die an Top-down-Regulation glaubt und eine tiefe Scham darüber empfindet, dass diese Art der Selbstregulation praktisch nie funktioniert. Es wurde uns gesagt, wir wären individuelle Versager aber wahr ist, es ist nicht unser Fehler gewesen, es war unsere falsch beschriebene Biologie.

Wir glauben an einen Körper, so der Philosoph Ken Wilber, der uns wie ein Sack ab dem Halse baumelt und wir glauben, über der Natur zu stehen. Wir glauben, die Natur in uns beherrschen zu können, nur um immer wieder zu entdecken, *dass wir nicht Natur haben, sondern Natur sind.*

• • • • ● • ● • • •

Erfolgreiche Verfahren

Therapeutische Verfahren, die in der Lage sind, die Aktivierung und Koordination der drei zentralen neuronalen Netzwerke - Default Mode Network (DMN), Salienznetzwerk (SN) und Central Executive Network (CEN) - mit den Prinzipien der Gedächtnisrekonsolidierung zu verbinden, haben ein besonders hohes Veränderungspotenzial.

Wenn ein therapeutisches Verfahren diese drei Netzwerke aktiviert und gleichzeitig das Rekonsolidierungsfenster nutzt, ist es in der Lage, belastende Erinnerungen nicht nur zu reaktivieren, sondern auch nachhaltig zu verändern. Genau das ist das Ziel der Gedächtniskonsolidierung: nicht nur zu erinnern, sondern auch zu löschen oder zu verändern.

Jedes Verfahren, das diesen neuronalen Dreiklang mit der Plastizität der Gedächtniskonsolidierung verbindet, ist aus neurowissenschaftlicher Sicht besonders effizient - weil es tief, gezielt und nachhaltig wirkt.

Ob Hypnotherapie, EMDR, IFS (Internal Family Systems), somatische Verfahren oder imaginative Ansätze, selbst ein ganz normales Gespräch - entscheidend ist nicht der äußere Stil, sondern die innere Dynamik auf neuronaler Ebene.

Wichtig ist NICHT die Marke, nicht der Name. Wichtig ist der gehirngerechte Prozess.

Alle mir bekannten Angebote wie Hypnotherapie nach Marisa Peer, Emotional Freedom Techniques, Erickson'sche Methoden, NLP (Neurolinguistisches Programmieren), Heilung mit Duftölen, White Light Technique, Theta-Healing sind nach meiner Beobachtung immer wieder neue und teilweise esoterisch begründete Ideen des immer Gleichen.

Die Anbieter haben nur intuitiv erfasst und angewendet, was hier explizit gemacht wird.

Das Zeitalter der Wunderheiler ist vorbei. Wir brauchen keine esoterischen Begründungen mehr, wir können die zum Teil hochwirksamen Techniken dieser Praktiker endlich von den esoterischen Begründungen, warum sie wirken sollen, lösen und durch die hier vorgeschlagene Linse betrachten.

Und das steigert das Potential möglicher Hilfe enorm.

QUELLENVERZEICHNIS

Barrett-Feldman, Lisa. *How Emotions Are Made: The Secret Life of the Brain.* New York: Houghton Mifflin Harcourt, 2017.

Chiu, Titus, interview by Jodi Cohen. *Activating Your Body to Heal* USA, (2020).

Damasio, Antonio R. *Descartes' Irrtum: Fühlen, Denken und das menschliche Gehirn.* Vols. Descartes' Error. Emotion, Reason and the Human Brain, New York, 1994. München: Paul List Verlag, 1994.

—. *Ich fühle, also bin ich: Die Entschlüsselung des Bewusstseins.* Vols. The Feeling of what Happens. Body and Emotion in the Making of Consciousness, New York, 1999. München: Paul List Verlag, 2000.

Dana, Deb. *159: Understanding Polyvagal Theory.* Therapy Chat Podcast. 11 16, 2018. https://www.youtube.com/watch?v=uAmD-RxR1wc&t=303s (accessed 08 04, 2019).

—. *The Pied Piper of Polyvagal Theory: Deb Dana.* Deirdre Fay. 28 05, 2018. https://www.youtube.com/watch?v=0f3ErVPMV5w&t=3s (accessed 08 04, 2019).

Ecker, Bruce u.a. *Der Schlüssel zum emotionalen Gehirn: Mit Gedächtnisrekonsolidierung die Ursachen von Symptomen beseitigen.* Vols. Unlocking the Emotional Brain. Eliminating Symptons at Their Roots Using Memory Reconsolidation, USA, 2012. Paderborn: Junfermann Verlag, 2016.

Ekman, Paul. *Gefühle lesen: Wie Sie Emotionen erkennen und richtig interpretieren.* Vols. Emotions Revealed. Understandinng Faces and Feelings, 2003. München: Elsevier GmbH, 2004.

Fisher, Janina. *Healing the Fragmented Selves: How to Apply Trauma-Informed Stabilization Treatment.* Psychotherapy Networker Symposium, 2023, March 18.

Fisher, Janina, interview by Ruth Bucynski. *Interview zum Thema Scham* (2016).

Frank, Britt. *The Science of Stuck: Breaking Through Inertia to Find Your Path Forward.* London: Penguin Random House LLC, 2022.

Hanna, Heidi. "Dr. Joan Rosenberg. Riding the Waves of Difficult Emotions." *Stress Mastery Webinar.* Dr. Heidi Hanna. 08 23, 2019. https://www.synergyprograms.com (accessed 08 23, 2019).

Hanna, Heidi. *Stress Mastery.* Online-Kurs. 2017.

• • • • •• • •• • • •

Jochims, Inke. *Erinnern und Heilen. Teil 1: Gedächtnisreskonsolidierung und Netzwerktheorie. Der Schlüssel zur Veränderung!* Vol. Band 1 der Reihe "Erinnern und Heilen". 2 vols. Norderstedt: BoD, 2025.

—. *Erinnern und Heilen. Teil 2: Gedächtnisrekonsolidierung, Kohärenztherapie und Hypnose.* Vol. Band 2 der Reihe "Erinnern und Heilen". 2 vols. Norderstedt: BoD, 2025.

—. *Meistere den Stress. Eine Einführung in die Polyvagal-Theorie.* Norderstedt: BoD, 2025.

LeDoux, Joseph. *Das Netz der Gefühle: Wie Emotionen entstehen.* Vols. The Emotional Brain. The Mysterious Underpinnings of Emotional Life, New York, 1996. München, Wien: Carl Hanser Verlag, 1998.

—. *Das Netz der Persönlichkeit: Wie unser Selbst entsteht.* Vols. Synaptic Self. How Our Brains Become Who We Are, New York, 2002. München: Deutscher Taschenbuch Verlag, 2006.

McLaren, Karla. *The Language of Emotions: What your Feelings are trying to tell You.* Boulder: Sounds True, Inc., 2010.

Menon, Vinod. "Large-scale brain networks and psychopathology: A unifying triple network model." *Trends in Coginitive Sciences*, 15 (10) 2011: 483-506.

• • • ● • ● • ● • •

Newberg, Andrew, and Mark Waldman. *Der Fingerabdruck Gottes. Wie religiöse und spirituelle Erfahrungen unser Gehirn verändern*. Vols. How God changes your Brain, 2009. München: Wilhelm Goldman Verlag, 2012.

—. *How Enlightenment Changes Your Brain: The New Science of Transformation*. USA: Avery, 2016.

Panksepp, Jaak. *Affective Neuroscience: the foundations of human annd annimal emotions*. Oxford, New York: Oxford University Press, Inc., 1998.

Pert, Candace B. *Moleküle für Gefühle: Körper, Geist und Emotionen*. Hamburg : Rowohlt - Verlag, 2001.

Porges, Stephen W. & Dana, Deb (Editors). *Clinical Applications of The Polyvagal Theory. The Emergence of Polyvagal-Informed Therapies*. New York: W. W. Norton & Company, Inc., 2018.

Porges, Stephen W. *34: The Science of Safety with Stephen Porges*. Neil Sattin. 08 17, 2016. https://www.youtube.com/watch?v=na2blnkRhAY&t=3s (accessed 08 04, 2019).

Porges, Stephen W., interview by Jeffrey Rutstein. *Connectedness as a Biological Imperative: Understanding Trauma Through the Lens of the Polyvagal Theory*. USA, (2018).

—. *Die Polyvagal-Theorie und die Suche nach Sicherheit*. Lichtenau/Westf.: G. P. Probst Verlag GmbH, 2018.

—. *Die Polyvagal-Theorie. Neurophysiologische Grundlagen der Therapie.* Paderborn: Junfermannsche Verlagsbuchhandlung, 2010.

Porges, Stephen W. "Reciprocal Influences Between Body and Brain in the Perception and Expression of Affect: A Polyvagal Perspektive." In *The Healing Power of Emotion. Affective Neuroscience, Development & Clinical Perspektive,* by Diana Fosha and Daniel J., Solomon, Marion F. Siegel. New York: W. W. Norton & Company, Inc., 2009.

Porges, Stephen W., interview by Heidi Hanna. *The Neuroscience of Safety.* USA, (04 18, 2020).

Siegel, Dan, interview by Jessica Dibb. *Breath as a Dorway to Awakened Mind and the Plane of Possibility.* USA: The Shift Network, (03 2020).

Solms, Mark. *The Hidden Spring. A Journey to the Source of Consciousness.* Great Britain: Clays Ltd, Elcograf S.p.A., 2021.

—. *The Hidden Spring: Warum wir fühlen, was wir sind.* Vols. The Hidden Spring. A Journey to the Source of Consciousness, GB, 2021. Freiburg: J. G. Cotta'sche Buchhandlung Nnachfolger GmbH, gegr. 1659 ,Stuttgart, 203.

· · · ● · ● ● · · ·

Symington, Neville. *Emotionales Handeln. Das Gemeinsame von Religion und Psychoanalyse.* Edited by 1994 Emotion and Spirit. Questioning the Claims of Psychoanalysis and Religion. Göttingen: Steidl Verlag, 1997.

Weinberg, Harry L. *Levels of Knowing and Existence: Studies in General Semantics.* USA: Harper & Row, Inc., 1959.

• • • ● • ● ● • •

Alle Bücher von Inke Jochims, finden Sie auf dieser Seite:

Die Bücher von Inke Jochims

Stöbern und kaufen Sie hier

alle Bücher von Inke Jochims!

www.jochims-buecher.de

• • • • ● • ● • • •

Alle digitalen Produkte von Inke Jochims finden Sie auf dieser Seite:

Der Shop von Inke Jochims

https://www.myablefy.com/s/inke-jochims

Stöbern und kaufen Sie alle digitalen Produkte von Inke Jochims

https://myablefy.com/

• • • • • ● • ● • • •